本书获国家自然科学基金项目（71473228）产学研协同创新政策：演变与绩效——基于创新链视角、浙江理工大学人文社会科学学术专著出版资金（2019年度）的资助

Chan Xue Yan Xietong Chuangxin Zhengce Yanbian Yu Jixiao Pinggu

产学研协同创新政策演变与绩效评估

——基于知识创新转化链视角

Jiyu Zhishi Chuangxin Zhuanhualian Shijiao

程华 等/著

中国财经出版传媒集团

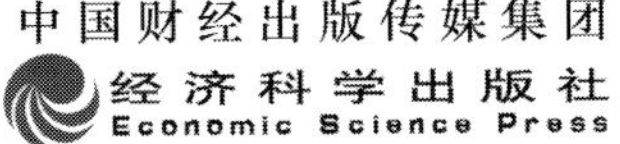

图书在版编目（CIP）数据

产学研协同创新政策演变与绩效评估：基于知识创新转化链视角／程华等著．--北京：经济科学出版社，2020.12

ISBN 978－7－5218－1861－1

Ⅰ.①产…　Ⅱ.①程…　Ⅲ.①产学研一体化-研究-中国　Ⅳ.①G640

中国版本图书馆 CIP 数据核字（2020）第 170616 号

责任编辑：王柳松
责任校对：齐　杰
责任印制：李　鹏　范　艳

产学研协同创新政策演变与绩效评估
——基于知识创新转化链视角
程华　等著
经济科学出版社出版、发行　新华书店经销
社址：北京市海淀区阜成路甲 28 号　邮编：100142
总编部电话：010-88191217　发行部电话：010-88191522
网址：www. esp. com. cn
电子邮件：esp@ esp. com. cn
天猫网店：经济科学出版社旗舰店
网址：http：//jjkxcbs. tmall. com
北京季蜂印刷有限公司印装
710×1000　16 开　14 印张　210 000 字数
2021 年 1 月第 1 版　2021 年 1 月第 1 次印刷
ISBN 978－7－5218－1861－1　定价：55.00 元
（图书出现印装问题，本社负责调换。电话：010－88191545）

目　录

第1章 导 论

1.1 问题的提出

自20世纪80年代，新古典主义学派开始关注政府在技术创新中的作用。弗里曼（Freeman，1987）提出国家创新体系的概念，并指出技术创新体系主要由政府政策、教育培训、企业及其研究与发展、产业结构四个因素构成。其中，政府政策能影响其他因素，因此，创新政策在一国经济发展和竞争力提高中具有巨大的推动作用。

为了促进本国科学研究面向产业创新的需求，加强基础研究与产业发展之间的联系，形成科技与经济协同发展，各国政府相继出台了一系列促进产学研协同创新的科技政策，鼓励产学研之间形成更紧密的互动，提升创新能力。

科技政策是政府为了影响和改变技术创新的速度、方向和规模而制定的一系列政策的总称，其实质是政府对技术创新的干预或引导。对科技政策的实施结果及其影响进行预测、分析和评估，是政府制定和完善科技政策的重要途径之一。1993年，美国出台了《政府绩效与结果法案》①，形成了多元化的、健全的科技评估组织构架，从不同角度审视美国科技政策的影响和科学研究的绩效（龚旭等，2003）。

中国为解决科研与生产脱节的问题，1993年颁布《中华人民共和国

---

① 邱霈恩．美国《1993政府绩效与结果法案》译文［J］．中国行政管理，2004（5）：28.

科学技术进步法》，以法律形式确认“鼓励企业、高等院校、科研院所开展联合和协作”①，随后，陆续制定了一系列促进产学研协同创新的政策。促进产学研协同创新政策，一直是中国科学技术政策的重要组成部分。经初步统计，在 1990 ~ 2010 年，由中央政府出台的产学研合作政策达 169 项（李世超和蔺楠，2011）。及时对政策进行评估，对完善科技政策意义重大。本书侧重于回答以下三个问题。

（1）促进产学研创新政策工具结构是否合理（内涵结构）；

（2）产学研创新政策在知识创新、知识转化、产业化创新链中不同环节的作用机制（作用机制）；

（3）随着市场经济发展，企业创新能力提高，政府战略变化，创新政策如何演进（演化机理）。

在研究中国产学研创新政策演变轨迹的基础上，基于政策工具，从宏观和微观两个层面，从知识创新、知识转化、产业化创新链过程，分别测算中国产学研创新政策绩效，对不断完善中国产学研创新政策、提高政府对创新资源配置的引导能力和调控能力、促进科技与经济协调发展，具有十分重大的理论意义和实践意义。

1.2 研究背景

1.2.1 政策工具视角

埃兹科维茨和雷德斯多夫（Etzkowitz and Leydesdorff，1995）提出“大学—产业—政府”关系的三重螺旋创新模型，指出产学研合作是大学除了教学和研究之外的第三使命及经济社会中的三大组织主体：大学、

① 中华人民共和国科学技术进步法，http://www.most.gov.cn/fggw/fl/200710/t20071025_56667.htm。

产业和政府在发挥各自独特作用的同时，加强互动、交叉、重叠，是提高国家创新系统整体绩效的重要条件（Etzkowitz and Leydesdorff，2000；Etzkowitz，2002）。

产学研合作的本质是政府主导下创新资源的再配置，发挥政府科技投入的杠杆效应，引导大学与企业共建关键产业技术研发平台，弥补产业技术体系中的社会供给缺位。一般认为，产学研各方在合作过程中的目标不尽相同，使合作难以达到预期效果，因此，政府的介入成为必要。

经济合作与发展组织（organisation for economic co-operation and development，OECD）（1997）报告指出，在政府政策支持下，产学研合作可以纠正企业对研发投入不足所导致的创新系统失效和市场失效。西格尔等（Siegel et al.，2003）研究了产学研合作创新中技术转移的障碍，认为政府介入有利于消除障碍。盖斯勒（Geisler，1997）指出，在产学研合作中，政府的角色应被界定为促进者与中间人，应为产业、大学和政府资助的实验室给予建议与引导，提供友好的、支持性的环境。政府对产学研协同创新的作用主要体现在对知识转移情境因素的影响，如制定法律法规、构建税收减免政策、政府资金支持；平台支持，如建立国家技术转移中心、大学科技园和孵化器（吴洁，2009）。政府的各类创新政策工具（如，公共计划、科技与教育、财政与税收、法律政策等）对产学研合作创新的需求和模式有显著影响（Shyu et al.，2001）。

政策工具研究的核心是“如何将政策意图转变为管理行为，将政策理想转变为政策现实”（黄红华，2009）。

OECD科学技术与工业理事会的专家对政策工具的作用进行比较、研究发现：第一，政府研发补贴的促进作用随着资助总量的变化而变化，当资助比例达到某一极值后，作用效果就会降低；第二，精心设计的政府研究计划对促进企业科学研究与试验发展（research and development，R&D）有很好的作用；第三，频繁调整和改变政策工具将会降低其作用；第四，政策工具之间既相互排挤，又相互补充（王春法，1998）。

罗思韦尔和赛戈沃德（Rothwell and Zegvold，1981）将创新政策分为供给型政策工具、环境型政策工具和需求型政策工具。供给型政策工具包括：教育培训、科技信息支持、科技基础建设、科技资金投入和公共服务等；环境政策工具包括：目标规划、财务金融、税收激励、知识产权保护和法规管制等；需求政策工具包括：政府采购、贸易管制和外包等。

赵筱媛和苏竣（2007）将所有创新政策工具分为供给型政策工具、环境型政策工具和需求型政策工具，并以中国软件产业为例分析了这些政策工具各自的作用。黄萃等（2011）对中国42份涉及风能的创新政策进行研究，发现政策工具大部分是环境型政策工具（67.95%），其中，目标规划政策工具和法规管制政策工具占85%，尤其是仅法规管制政策工具一项就达到64%，法规管制政策工具运用过于频繁，往往是已有政策未切实执行，而在后续政策文件中需要不断提及，从而产生过溢；或者已有政策虽被执行，但达不到原定的政策目标，因而在后续政策中不断强调，也在一定程度上造成过溢。需求型政策工具应用存在不足与缺失。除有3份政策涉及贸易管制外，其余均未使用需求型政策工具。黄萃等（2011）指出，中国风能政策有一定的不连续性，风能政策工具运用上存在冲突现象。

随着经济发展，创新政策工具的结构也发生变化和演进。20世纪八九十年代，供给政策工具、需求政策工具和环境政策工具的结构分别是50.75%、7.46%和41.79%（柳卸林，2000）。程华等（2011）收集了1979～2009年中国政府部门颁布的与创新政策相关性较强的580项政策，发现20世纪80年代，中国创新政策以供给型政策工具为主；90年代以来，政府更注重创造有利于技术创新的环境，增强了环境型政策工具；到2009年，环境型政策工具比例高于供给型政策工具。而作用效力大的需求型政策工具，进入21世纪后才开始被重视。在供给型政策工具各层面上，科技资金投入持续增长、教育培训、科技基础设施建设、科技信息支持基本平稳，而公共服务比较薄弱；在环境型政策工具的各个层面上，法规管制和目标规划是最主要的环境型政策工具，税收激励出现比较晚，和财务金融一样，强度比较弱，知识产权保护也比较弱；在需求型政策工具的各个层面上，外包政策在2001年后持续增长，贸易管制政策基本平稳。采购政策在1999年才出现，强度也不够大。程华和钱芬芬（2013）以国家层面发布的与产业技术创新相关性最强的454条技术创新政策为研究对象，发现不同政策工具定位和目标不同，作用也不同。供给政策对创新的技术绩效有激励作用，环境政策对技术绩效和经济绩效有激励作用，需求政策对经济绩效作用显著。

目前，少见基于政策工具视角对中国产学研协同创新政策的演进及其发展规律的研究。

1.2.2 产学研创新政策的绩效评估

美国是最早实行产学研合作的国家，也是最早开展科技活动评价的国家之一，已经形成了一套完整的体系。英国政府强调对产学研合作计划实施绩效的总体评价，以此为依据对计划进行调整和改善。

美国国家科学基金会为了将基础研究、应用研究和美国产业的未来发展紧密联系，制定了多个支持产学研合作创新的科技计划，如“大学工业合作研究计划”“大学工业在材料研究方面的合作计划”等。他们通过评价体系，分别在质和量上衡量研究产业界与大学之间的合作关系。其中，过程的评价主要集中在参与合作者的特点及对中心运作的认知度上；成果的评价主要集中在初期阶段、中期阶段、末期阶段（李培楠、赵兰香和万劲波，2013）。

中外文文献对产学研协同创新中的政府作用也进行了评估和研究。

美国的《拜杜法案》（*Bayh-Dole Act*）① 极大地推动了科学研究的商业化，被认为是美国产学研合作政策史上最具里程碑性质的立法。一些

① 美国法典第35编（《专利法》）第18章，拜杜法案。

研究表明，尽管美国《拜杜法案》颁布后，大学申请专利数增加，但是，专利质量有所下降，原因在于，过分注重商业化的研究成果导致对基础研究的忽视，而这是大学应该关注的（Henderson et al.，1998）。然而，萨姆帕特等（Sampat et al.，2003）使用亨德森等（Henderson et al.，1998）相同的样本，数据从1992年延伸到1999年，发现专利的重要性没有降低，大学专利比公司专利有更长的引用滞后期，因此，数据必须要历时足够长的一定时间，才能正确评估。

莫维利和萨姆帕特（Mowery and Sampat，2005）指出，因为在《拜杜法案》实施前美国大学专利申请已呈增长趋势，所以，《拜杜法案》对美国大学专利的影响有限。该文献指出，美国大学一直与非政府机构和私营部门关系密切，而其他国家缺乏这样的环境，因此，实施类似的政策产生的影响可能也有限。穆罕默德（Muhammad，2003）研究产学研合作和联盟的决定因素，发现产学研建立和激励的因素主要有，研发趋势、研发风险和国家的鼓励政策。布琳堡（Brimble，2007）对泰国国家层面产学研联盟和经济发展进行研究，发现高科技行业（如生物医药）产学研合作成果转化率较高，而传统产业（如纺织制衣）未能得到政府研发补贴而导致产学研合作成效不明显。主桥和村松（Motohashi and Muramatsu，2012）采用专利信息分析20世纪90年代日本产学研合作政策实施效果，发现政策实施后，专利申请数量大幅上升，这在一定程度上表明了政策实施的成功。

当基于公司运行规模来研究产学研合作专利价值时，小企业在产学研合作中产生了比大型企业更高价值的专利（Motohashi，2005）。

肖丁丁和朱桂龙（2013）研究表明，产学研合作创新效率处于相对较低但稳步上升状态，不同目标导向下参与主体间的协同创新效果逐渐突显。政府研发补贴对产学研合作效率有着显著影响，影响效果具有长效性。

原长弘、赵文红和周林海（2012）采用多层次研究方法探究了中国经济转轨时期各城市政府支持和市场不确定性如何影响校企知识转移效率，发现城市层面的政府研发补贴和市场不确定性正向调节学校层面知识转移效率，政府对校企知识转移活动有着很强的支持作用和干预作用。

洪和苏（Hong and Su，2013）基于1985～2004年中国专利数据库，发现中央政府和地方政府是两个激励产学研合作的制度因素。原长弘和孙会娟（2013）选取2005～2009年中国的31个省（区、市）① 的大学作为样本，运用随机前沿方法（stochastic frontier approach，SFA）分析了政产学研用协同对大学知识创新链效率的影响，发现中央政府与地方政府对于大学知识创新链有着不同的作用。

中国产学研协同创新的研究热点，主要集中在产学研协同创新模式、创新机制、创新机理及产学研联盟、产学研合作绩效等研究领域，理论建模和实证研究正逐渐成为产学研协同创新的重要研究方法和研究趋势（樊霞、吴进和任畅翔，2013）。

1.2.3 产学研创新政策的演变

政府通过运用不同的行政、法律、经济等手段的组合引导科技资源配置，促进产学研合作。在产学研合作的不同阶段，政府的角色定位也不同。

（1）在合作的筹备阶段，政府是“引导者”。通过实施引导计划、颁布税收激励政策、建设创新平台等措施，引导产学研合作持续、健康地发展。例如，美国实施小企业技术转移研究计划、合作研究中心计划等。（2）在合作的发展阶段，政府是“保障者”。通过制定规划方向或政策性立法、提供资金支持等方式，保证产学研合作建设和发展的良性循环。例如，美国国会通过《拜杜法案》《技术创新法案》②《国家合作

① 由于数据可得性，在中国的31个省（区、市）的数据中，未包括中国港澳台地区的数据，全书余同。

② Innovation Act，H. R. 3309，113th Cong.（2013），available at http://www.gpo.gov/fdsys/pkg/BILLS-113hr3309rfs/pdf/BILLS-113hr3309rfs.pdf. 此为《技术创新法案》的最终文本，在其形成以前，仅在众议院议员表决会议一段，《技术创新法案》就经历了两次修改。本书采用的《技术创新法案》文本，指此处注释中所提供的最终版本。

研究法案》[①]，旨在消除各种体制性不利因素（如专利权、反垄断处罚），鼓励大学与产业界建立新型合作伙伴关系。（3）在合作的运行阶段，政府是“沟通者”。通过开辟多种信息渠道、搭建技术支持平台等手段促进产学研的高效合作。例如，鼓励科技人员的交流，建立和完善中介服务机构等，以支持产学研合作（李培楠、赵兰香和万劲波，2013）。

英国制定了一系列科技计划推动产学研合作，包括《联合计划》[②]《法拉第合作伙伴计划》[③]《连接创新计划》《卓越与机遇：21 世纪的科技与创新》[④] 等。

中国产学研创新政策也经历了三个阶段（李世超和蔺楠，2011）。第一阶段，科技是第一生产力战略导向下制定的政策关注如何解决科研与生产脱节问题，1992 年，从国家层面启动了产学研联合开发工程；1993 年，《中华人民共和国科学技术进步法》[⑤] 提出，鼓励企业、高等院校、科研院所开展联合和协作。第二阶段，在“科教兴国”战略导向下的政策，关注如何提高企业创新能力，探索以市场为导向、以企业为主体的产学研合作新形式。1996 年《中华人民共和国促进科技成果转化法》[⑥]，1999 年《关于加强技术创新，发展高科技，实现产业化的决定》[⑦]。一方面，加大了对依

① United States Congress Committee on Science and Technology. National Cooperative Research Act of 1984（Public Law 98 - 462）[DB/OL]. [2011 - 08 - 20]. http://www. history. nih. gov/research/downloads/PL98 - 462. pdf.

② 英国《联合计划》，英国首相府科学与技术办公室联系计划主页，http://www. ost. gov. uk/link/link. html，2005。

③ 英国《法拉第合作伙伴计划》，英国法拉第合作伙伴倡议主页，http://www. faradaypartnerships. org. uk。

④ 刘云，陶斯宇. 基础科学优势为创新发展注入新动力——英国成为世界科技强国之路[J]. 中国科学院院刊，2018，35（5）：484 - 492.

⑤ 中华人民共和国科学技术进步法，http://www. most. gov. cn/fggw/fl/200710/t20071025_56667. htm。

⑥ 中华人民共和国促进科技成果转化法，http://www. most. gov. cn/fggw/fl/201512/t20151203_122619. htm。

⑦ 关于贯彻落实《中共中央　国务院关于加强技术创新，发展高科技，实现产业化的决定》有关税收问题的通知，http://www. most. gov. cn/ztzl/jqzzcx/zzcxcxzzo/zzcxcxzz/zzcxgncxzz/200504/t20050427_21160. htm。

托科技园区、创新基地等开展的产学研合作活动的政策支持；另一方面，鼓励具备条件的大学、科研院所投入力量以多种形式与企业合作，走产学研结合道路。2001 年，《关于推进行业科技工作的若干意见》提出，在国家行业技术开发基地、国家工程技术研究中心组建完善的过程中，积极推动企业与大学、企业与科研院所联合建立专业性或综合性的行业工程技术中心。[①] 第三阶段，“建设创新型国家”战略导向下的政策，关注如何加快建立以企业为主体、产学研结合的技术创新体系；重视体现国家战略目标和产业关键需求的重点领域，鼓励企业和大学共同依托国家主体科技计划和重大专项实施产学研联合攻关。《国家中长期科学和技术发展规划纲要（2006～2020）》提出，建设以企业为主体、产学研结合的技术创新体系。[②] 2008 年，六部门联合发布《关于推动产业技术创新战略联盟构建的指导意见》[③]。2009 年，国务院颁布《关于发挥科技支撑作用促进经济平稳较快发展的意见》[④]。2011 年，实施“高等学校创新能力提升计划”，促进政产学研用紧密结合、协同创新，提升大学创新能力。[⑤] 产学研政策的焦点逐步转向激励企业在产学研合作中真正成为研发投入主体、创新活动主体和成果应用主体。

不同模式的产学研合作，如自发的技术交易活动与由政府主导以完成国家重大技术攻关项目的产学研合作，对政策的需求不同，对政策工具的需求也不同。

---

① 《科技部、国家经贸委关于推进行业科技工作的若干意见》的通知，http://www.most.gov.cn/fggw/zfwj/zfwj2001/200512/t20051214_55051.htm。

② 国务院发布《国家中长期科学和技术发展规划纲要（2006～2020）》，见 http://www.gov.cn/gongbao/content/2006/content_240244.htm。

③ 六部委联合发布《关于推动产业技术创新战略联盟构建的指导意见》，http://www.most.gov.cn/tztg/200902/t20090220_67550.htm。

④ 科技部关于印发发挥国家高新技术产业开发区作用促进经济平稳较快发展若干意见的通知，http://www.gov.cn/gongbao/content/2010/content_1547212.htm。

⑤ 教育部、财政部关于实施高等学校创新能力提升计划的意见，见 http://old.moe.gov.cn//publicfiles/business/htmlfiles/moe/s6578/201408/xxgk_172765.html。

1.2.4 研究述评

综上所述，尽管产学研及其相关政策研究已经取得了一定成果，为我们的研究提供了一定基础，但对中国产学研创新政策的全面测度和全面评估仍是一个有待于开拓研究的领域。

第一，促进产学研创新政策工具的结构是否合理。政策工具是实现政策目标的手段。政策工具之间既相互排斥，又相互补充，不同政策工具的干预强度也不同。本书将基于政策工具视角，从目标导向和政策力度等多维度研究中国产学研创新政策的演化规律，探讨产学研创新政策演变的主要影响因素。

第二，目前，中文文献对产学研合作政策评价研究比较少。对产学研合作评价的研究主要包括：一是大多侧重于对合作绩效评价的研究，忽略对合作过程的评价，也未能回答产学研政策如何影响知识创新、知识转化的效率；二是大多立足于大学、科研院所方面对合作进行评价，忽略了合作对企业的影响。侧重于绩效的产学研合作评价体系，主要对活动的投入、产出以及表示活动效率的投入产出比进行评价，主要关注专著、论文、课题、专利等，忽略研究成果转化、技术市场交易、新产品销售收入等指标。在研究对象的选择方面，缺乏以企业为样本的微观层面实证支撑。囿于样本数据的可得性，现有研究大多以区域或产业等宏观指标进行测评，但是，企业作为技术创新体系的主体，其创新效果更能直接反映产学研合作的质量。本书将重点研究产学研创新政策工具在知识创新、知识转化、知识产业化创新链中不同环节的作用机制。从宏观层面（来自统计年鉴的数据）和微观层面（来自抽样调查的数据），基于知识创新、知识转化和知识产业化创新链，分别测量产学研创新政策在每一个环节的作用。研究产学研创新政策的作用机理，探索其产业特征、地区经济发展状况对产学研政策效力的影响。

第三，在产学研合作的不同阶段，政府的角色定位不同，不同产学研合作模式对政策的需求也不同。本书将关注产学研合作活动的微观机制，结合产学研发展的不同阶段和不同合作模式，比较不同政策工具对产学研过程绩效的影响，探讨设计一组从强干预到弱干预的政策工具组合。随着市场经济发展，企业创新能力提高，政府战略变化，及时调整和完善创新政策，以有效支持、促进和加速具有不同形式和不同内容的产学研合作。

1.3 研究视角、研究目标和研究方法

1.3.1 研究的基本视角

本书基于创新链视角，从宏观层面、微观层面研究中国产学研合作政策的绩效。在宏观层面，主要基于统计数据进行研究；在微观层面，主要基于企业样本抽样调查进行研究。

研究中国技术创新政策中不同的政策工具：供给型政策工具、环境型政策工具、需求型政策工具的演变规律，研究不同政策工具对中国产学研绩效的影响。

从大学层面和企业层面研究产学研合作政策在知识创新、知识扩散、知识转化过程中的促进作用，并关注重大产学研政策颁布及其政策工具实施对大学创新能力和企业创新能力等的影响。

1.3.2 研究目标

（1）基于政策型工具视角，从目标导向和政策力度等多维度分析、测量、研究中国产学研创新政策的演化规律；

（2）以创新主体——企业为主要研究视角，评估产学研创新政策在知识创新、知识转化和知识产业化创新链中不同环节的作用机制；

（3）随着市场经济发展、企业创新能力提高及政府战略变化，创新政策的演进规律。

为政府进一步完善产学研协同创新政策，优化科技资源配置，提高知识转化效率，提供决策依据。本书对不断完善中国产学研合作科技政策，提高政府对研发（R&D）资源配置的引导能力和调控能力，促进产学研合作，增强国家创新竞争力，具有十分重大的理论意义和实践意义。

1.3.3 研究方法

在明确研究问题的基础上，本书采用规范分析与实证研究相结合、定量研究与定性研究相结合的方法。具体研究方法有以下四种。

（1）文献研究法。文献分析是通过对现有文献（关于产学研创新政策、产学研创新效率、政策工具等）进行系统性收集与分析，对基于政策工具视角的中国产学研创新政策的演化规律进行探讨；评估产学研创新政策在知识创新、知识转化、知识产业化链中不同环节的作用机制等问题，并进行理论探讨。

（2）案例研究和历史追溯法。案例研究主要通过人物访谈（半结构化问卷）、现场观察及二手数据（报纸、网站、期刊等）收集资料。通过对典型产学研协同创新中心案例的深度访谈或二手资料进行扎根编码（开放式编码、主轴编码和选择性编码），初步挖掘产学研创新效率的可能影响因素及其内在联系，在此基础上研究形成知识创新、知识转化、知识产业化链中主要影响因素与政策作用机制的模型。

（3）问卷调查法。调查问卷将在参考大量文献、征询专家意见、企业访谈结果、问卷预测试等基础上逐步形成。调查对象将分别选择产学研创新主体企业、知识创新主体大学和科研院所、产学研合作政策颁布和执行的政府相关部门。问卷发放的主要方式为，调研现场发放及与政府相关部门合作随机抽取样本并邮寄发放两种方式，以获取实证检验的第一手资料。

(4) 社会统计分析。运用 SPSS 15.0 统计软件、Frontier 4.1 软件等的描述性统计分析、信度分析、因子分析、方差分析、回归分析等功能，对问卷调查数据进行统计处理。

1.3.4　创新点

本书的创新点主要有以下三点。

第一，本书采用文本分析法，研究中国产学研协同创新政策的测量、演变路径。

以中国颁布的促进产学研合作的政策为研究样本，通过对政策制定主体、政策颁布数量、政策颁布主体的力度、政策类型等进行计量分析，挖掘了中国产学研合作政策的基本特征和演变规律；通过对政策核心关键词的提取，研究中国产学研合作政策主题的演变脉络。基于政策工具和技术生命周期理论，建立二维分析框架分析产学研合作政策。

第二，关注产学研创新政策的作用机制研究。

本书比较不同政策工具对产学研合作知识创新和知识转移效率的影响。重点关注产学研合作的模式、知识链阶段、行业因素、经济发展水平（中国东部地区、中部地区、西部地区）等因素在“产学研创新政策——知识创新能力、知识扩散、知识转化等”之间的调节作用。研究政府在产学研协同创新的知识创新与知识转化过程中的作用机制。

第三，产学研创新政策在知识创新、知识转化、知识产业化创新链中的绩效评估。

本书跟踪产学研合作体系中的大学和企业，基于知识创造—知识转化—知识产业化创新链，分阶段、分层次地评估创新政策及其政策工具在产学研合作过程中的作用。分别从大学层面和企业层面研究产学研合作政策在知识创新、知识扩散、知识转化过程中的促进作用，并关注重大产学研政策的颁布及其政策工具的实施对大学创新能力和企业创新能力等的影响。研究统计年鉴数据和问卷调查，分别构建测量产学研创新政策在知识创新、知识转化和知识产业化过程中不同环节的绩效评估模型。采取结构方程模型、随机前沿分析以及回归分析等方法进行检验。

1.4 内容安排

1.4.1 主要研究内容

研究1：中国产学研协同创新政策的测量和演变路径

基于演化理论和技术创新理论，梳理并分析中国产学研创新政策演变轨迹、主要特征及发展规律。本书采用文本分析法，以中国颁布的促进产学研合作的政策为研究样本，通过对政策制定主体、数量、力度、类型等进行计量分析，挖掘了中国产学研合作政策的基本特征和演变规律；通过进一步对政策核心关键词的提取，揭示了中国产学研合作政策不同发展阶段主题的演变脉络和发展路线图。进一步基于政策工具（供给型政策工具、环境型政策工具和需求型政策工具）视角，分析中国产学研政策的演变，基于政策工具和技术生命周期理论建立二维分析框架分析产学研合作政策，发现中国专门的产学研合作政策比较稀缺，政策工具存在内部结构性失衡：供给型政策工具使用过溢，需求型政策工具缺乏。最后，提出了优化、完善中国产学研合作政策的建议。

研究2：产学研创新政策的作用机制研究——不同情境因素的影响

本书将关注产学研创新政策的作用机制，结合产学研合作的不同阶段和不同合作模式，比较不同政策工具对产学研合作知识创新效率和知识转移效率的影响。重点关注产学研合作模式、知识链阶段、行业、经济发展水平（中国东部地区、中部地区、西部地区）等因素在“产学研创新政策——知识创新能力、知识扩散、知识转化等”之间所起的调节作用。结合案例研究和问卷调查，研究政府在产学研协同创新、知识创新转化链中的作用机制。

研究3：产学研创新政策在知识创新、知识转化、知识产业化创新链中的绩效评估

关注知识创新、知识转化、知识产业化的一个完整创新价值链的过程，即从知识创造到价值实现的全过程。分别跟踪产学研合作体系中的大学和企业，按照知识创造—知识转化—知识产业化链的阶段，分阶段、分层次地测量和评估创新政策及其政策工具在产学研合作过程中的作用。分别从大学层面和企业层面研究产学研合作政策在知识创新、知识扩散和知识转化过程中的促进作用，并关注重大产学研政策颁布及其政策工具实施对大学创新能力和企业创新能力的影响。研究统计年鉴数据和问卷调查数据，分别构建测量产学研创新政策在知识创新、知识转化和知识产业化过程中不同环节的绩效评估模型。采取结构方程模型、随机前沿分析以及回归分析等方法进行检验。

研究4：完善产学研创新政策建议

基于理论研究和实证研究，根据市场经济发展、企业创新能力提高和政府战略需求的变化，提出完善和调整中国产学研创新政策及其政策工具组合的对策和建议。

1.4.2 章节安排

全书共分为9章。

第1章，导论。先提出面临的问题，引出研究的理论意义与实践意义。在简单回顾中外文文献研究现状和发展动态的基础上，介绍了本书的研究视角、研究目标和研究方法，进一步介绍了本书的主要创新点，最后，阐明了本书的主要研究内容、技术路线和章节安排。

第2章，文献综述。在界定产学研合作创新政策的基础上，研究中国产学研合作创新政策的分类、演变，基于创新链，从产学研政策对产学研合作研发经费投入、大学知识创造和成果转化等视角，研究产学研合作政策的绩效测量与绩效评估，并基于现有文献的文本研究，对产学研合作的文献分布特征、关键词演变和研究热点等进行了文献梳理，最后进行了小结。

第 3 章，中国产学研合作政策演变脉络研究。本章采用文本分析法，以 1992 ~ 2018 年中国颁布的促进产学研合作的政策为研究样本，通过对政策制定主体、政策数量、政策力度、政策类型等进行计量分析，挖掘了中国产学研合作政策的基本特征和演变规律；通过对政策核心关键词的提取，揭示中国产学研合作政策不同发展阶段的主题演变脉络和发展路线。最后，根据研究结论提出了完善中国产学研合作政策的相关建议。

第 4 章，影响产学研合作的主要因素研究。本章基于文献研究，从技术吸纳视角，运用技术交易市场数据，探究多维距离对企业技术吸纳的影响，进一步考察了行业类型、企业规模和企业性质等因素对多维距离和企业技术吸纳关系的影响，揭示了产学研合作中的大学或科研院所技术转移的主要影响因素及影响机理，为政府制定科技政策提供决策参考。

第 5 章，产学研合作政策与创造绩效——基于创新链视角。本章基于大学知识创新链的视角，研究产学研合作政策与创新绩效的关系。在文献梳理的基础上，提出相关假设与研究模型。基于政策文本分析测量和统计年鉴相关数据，分别对产学研合作政策与产学研合作经费、大学论文产出和专利产出、大学科技成果转化等进行了实证研究，进一步检验了产学研合作政策力度对绩效的门槛效应，最后，根据研究结论提出了相关政策建议。

第 6 章，产学研合作政策与企业创新绩效——基于企业—大学互动视角。从企业—大学互动视角，以 208 家产学研合作企业为研究对象，运用结构方程模型探讨了产学研合作政策对企业创新绩效的影响及在企业—大学互动中所起到的中介作用。研究结果表明，产学研合作政策工具（供给型政策工具、需求型政策工具和环境型政策工具）正向影响企业创新绩效；产学研合作供给型政策工具和环境型政策工具促进了企业—大学的人际互动和任务互动，而产学研合作需求型政策工具对企业—大学的人际互动和任务互动无显著影响；企业—大学人际互动和任务互动在产学研合作供给型政策工具、环境型政策工具与企业创新绩效之间起到部分中介作用，而在产学研合作需求型政策与企业创新绩效之间无中介作用。最后，提出完善中国产学研合作政策的相关建议。

第7章，产学研合作政策、协同创新能力与企业经济绩效。基于创新政策理论和社会交易理论，构建产学研合作政策、合作治理方式、企业协同创新能力和企业经济绩效关系的概念模型。基于157家企业样本，运用统计软件进行实证检验。结果发现，供给政策、需求政策和环境政策均对企业协同创新能力、企业经济绩效具有正向促进作用。企业协同创新能力在产学研合作政策和企业经济绩效之间起到部分中介作用。产学研合作政策与企业协同创新能力之间关系的强弱，受到合作治理方式的调节。契约治理方式和关系治理方式在供给政策、环境政策对企业协同创新能力影响的过程中起到正向调节作用，但在需求政策与企业协同创新能力之间的调节作用并不显著。

第8章，产学研合作、科技成果转化与政府作用。技术转移是跨越科技创新成果“死亡之谷”的重要路径。技术转移是推动科技成果转化，促进区域科技资源优化配置，提升科技创新能力的重要手段。分别从政府资助政策、产学研合作和创新资源视角分析成果转化。最后，从建立市场导向的科研立项机制，加强重大科技攻关项目跟踪服务，推进“互联网+”技术转移，建立技术成果信息库，改革科技成果转化体制机制等方面提出相关对策建议。

第9章，研究结论、启示与展望。总结相关研究结论，并基于实证研究结论，提出完善中国技术创新政策的相关建议。

第2章 文献综述

2.1 产学研合作

2.1.1 产学研合作

2.1.1.1 中国产学研合作的起源与发展

最早的产学研合作是1951年由美国斯坦福大学副校长弗雷德·特曼（Frederick Terman）提出的新型特曼式大学（Terman University）模式。斯坦福大学（Stanford University）把靠近帕洛·阿尔托（Palo Alto）的部分校园划出来成立斯坦福工业园区，兴建研究所、实验室、办公写字楼等。这是大学和产业界结合的产物，也是最早的产学研合作基地。后来，工业区改为研究区，成为美国和全世界纷纷效仿的高技术产业区楷模。斯坦福工业园区成为产学研合作创新的一个重要标志（张思潮，2019）。

中国产学研合作的发展起源于20世纪五六十年代，初期是一种以政府推动型为主的产学合作模式（魏勇，2018）。20世纪80年代初期，我国苏州市、无锡市、常州市普遍出现了一种“星期六工程师”，成为上海市智力及技术技能资源的强辐射区，形成了比较初级的产学研合作模式。2006年，为了全面落实科学发展观，组织实施《国家中长期科学和技术发展规划纲要（2006~2020年）》，增强自主创新能力，努力建设创新型国家。[①] 中共中央、国务院颁布了《关于实施科技规划纲要增强自主创新能力的决定》，明确提出增强自主创新能力，关键是强化企业在技术创新中的主体地位，建立以企业为主体、市场为导向、产学研相结合的技术创新体系。[②]

党的十九大报告指出，创新是引领发展的第一动力，是建设现代化经济体系的战略支撑。要瞄准世界科技前沿，强化基础研究，实现前瞻性基础研究、引领性原创成果重大突破。加强国家创新体系建设，强化战略科技力量。深化科技体制改革，建立以企业为主体、市场为导向、产学研深度融合的技术创新体系，加强对中小企业创新的支持，促进科技成果转化。[③]

2.1.1.2 产学研合作概念

中外文文献从不同角度对产学研合作的概念、内涵和边界进行了解释和定义。

1. 从产学研内涵、边界视角

产学研合作一般有狭义和广义之分。狭义的产学研合作仅指，企业、大学和科研院所三大创新主体之间开展的合作交流与研究开发活动。广义的产学研合作指，大学、企业和科研院所三大基本创新主体，以及政府、科技中介机构和金融机构，本着优势互补、资源共享、风险共担、利益共享、长期协作、共同发展的原则，组成知识技术创新联盟，合作开展研发活动，进行知识技术转移、知识技术转化和知识产业化等创新活动，实现知识传递、知识消化、知识整合、知识利用和知识创造等。广义的产学研合作是一个动态发展的开放体系，以实现技术创新、人才

① 国务院发布《国家中长期科学和技术发展规划纲要（2006～2020）》，中国政府网，http://www.gov.cn/gongbao/content/2006/content_240244.htm。

② 中共中央、国务院关于实施科技规划纲要增强自主创新能力的决定，https://www.most.gov.cn/ztzl/jqzzcx/zzcxgczs/200602/t20060209_28644.html。

③ 决胜全面建成小康社会 夺取新时代中国特色社会主义伟大胜利——在中国共产党第十九次全国代表大会上的报告［M］. 北京：人民出版社，2017.

培养、社会服务、产业发展和经济进步等功能（宋健和陈士俊，2008）。广义的产学研合作概念认为，产学研合作是一个复杂的系统，强调了制度、政策在促进企业、大学和科研院所开展产学研合作与交流中的作用和地位。产学研合作的本质是，企业、大学、科研院所、政府、中介机构和金融部门等相关主体组成联盟，开展合作与交流，促进知识、信息、人才等创新资源的共享、流动与优化（陈劲和阳迎娟，2012），是一种对技术创新活动所需的各种要素资源进行有效组合配置的活动（苏敬勤，1999；潘映伶，2013；高霞，2014）。

2. 从产学研合作主体视角

一般认为，产学研合作是大学和科研院所与产业的合作（Alexander，2001），是集中优势资源和发挥潜能的合作过程（Michale et al.，2002），是产业界与科学界的教育活动和研究活动的合作与交流（Kakko，2009；冯学华，1996）。随着产学研合作的发展，政府的作用逐渐凸显，因此，政府和消费者被纳入产学研合作中。产学研合作创新主体延伸到包含企业、大学、科研院所、政府和消费者，形成优势互补的共同体，大大促进了科技创新（李阳等，2016），因此，形成了官产学研、政产学研、产学研用等产学研合作模式。随着产学研合作的深化，人们发现产学研合作离不开科技中介、金融部门的参与。产学研合作过程既受到政府制度设计的影响，也受到中介机构的影响（常爱华，2007）。科技中介、金融部门被引入产学研合作系统，因此，产学研合作是企业、大学、科研院所、政府部门、中介、金融部门等多个主体，通过优势互补、合作交流、共同研发，实现技术、知识、人才、信息共享，形成政产学研中金用的联合体（王章豹、韩依洲和洪天求，2015）。

在这个体系中，最核心的是大学、企业及科研院所，它们直接从事知识创新、知识扩散、知识转移与知识转化；政府部门、金融部门、科技服务机构等也承担着协调功能、交流功能、服务功能与支持功能；进一步，还需要政策法律等外部制度与环境对合作关系进行规范。从微观来看，产学研合作是协同创新主体通过研发合作实现资源有效整合优化；

从宏观来看，产学研合作是一种新型的创新组织（陶丹，2019）。

3. 从产学研合作资源互补视角

企业、大学与科研院所在知识、技术、人才、资金、信息等创新资源方面各具特色、长处与不足，合作可以实现优势互补与资源整合优化，是产学研合作的核心（吴继文，2002）。产学研合作是企业、科研院所各合作主体，按照优势互补、利益共享的原则，共同开展技术创新活动（樊霞、陈丽明和刘炜，2013；张思潮，2019；陶丹，2019）。

通过产学研合作，企业获得创新资源（Perkmann，2007），在产学研合作中向合作伙伴学习，提升知识积累及知识运用能力，获得长期战略优势（Teece et al.，1997）。通过产学研合作，企业可以降低运营过程中的成本并规避技术创新的风险（Shachar et al.，1990；Eom and Lee，2010），且降低交易费用，获得知识溢出（Mowery，1998）。在合作研发过程中，企业可以从大学和科研院所获得更多学术研究所需的设备和财务资源（Zhang and Wang，2017），从而提升企业创新能力和创新绩效。企业和大学与科研院所的产学研合作，促进了大学与科研院所的知识扩散和知识溢出、科技成果转化和转移、企业创新能力的提升（胡军燕等，2016；张秀峰、陈光华和海本禄，2019）。大学参与产学研合作，可以获得研发所需经费，获得产业发展前沿需求及前沿问题的信息，与产业界的合作提供了师生理论联系实际的机会（Geisler，1995；Senker，1998），可以扩大大学研究领域和研究思路（Rosenberg and Nelson，1998）。曼斯菲尔德（Mansfield，1995）表明，大量公开资助的研究项目来自产学研合作中企业提出的技术需求。

4. 从产学研合作创新视角

产学研合作是大学和科研院所的科学研究与产业技术开发活动的交互与融合（刘力，2002），产学研合作的本质，是优势互补、资源共享和合作创新。产学研合作必须以创新为驱动，而且，产学研合作能够持续发展的关键在于技术成果的产业化及商品化（刘力，2002）。产学研合作本质上是合作研究与技术成果的转化与转移，是创新与创业的结合，但核心还是创新；大学、科研院所和企业分别处于创新链的上下游，因此，建立双方或者三方创新合作联盟，可以形成有效的创新体系，提升区域和国家的经济效益与社会效益（孙伟等，2009）。中国的创新资源配置比较不平衡，大学和科研院所拥有大部分创新资源，而企业创新资源相对较少，技术创新能力与技术开发能力也比较弱，因此，产学研合作的创新导向需求更加明显（谢园园、梅姝娥和仲伟俊，2012）。政产学研合作本质内涵是协同创新，而协同创新是以知识增值为核心的（陈劲和阳银娟，2012）。

5. 从知识转移视角

产学研合作的本质，是知识在不同组织机构之间的传递与转移（王艳、曾刚和王灏，2009）。产学研合作指，在政府引导下，大学、科研院所和企业基于各自的特色优势与发展战略规划，协同开展科学研究与技术开发、技术成果的转移转化和商业化等，实现知识创新、整合、传播、分享、消化和吸收（刁丽琳，2013）。大学和科研院所创新知识的成功转移、转化和商业化，是实现产学研合作的必要条件，也是产学研合作的核心（陶丹，2019）。企业和大学、科研院所拥有知识的数量、质量等方面存在一定势差，产学研合作为利用知识势差实现创新知识在主体间的转移提供了可能（董芙蓉，2011）。企业吸收能力是影响知识转移效率的关键因素之一。企业吸收能力按照层次不同可以划分为两方面：一是将大学、科研院所提供的创新知识导入企业内部技术创新系统的能力；二是将外部创新知识吸收消化融合后内化形成企业的创新能力（金惠红、薛希鹏和缪煜锭，2015）。

我们认为，产学研合作是一个动态演化的概念。随着经济技术的快速发展，政府、科技服务中介、金融机构、消费者等的加入，产学研合作的内涵和外延将不断充实与丰富。产学研合作的本质是整合创新资源，形成优势互补和知识共享，实现创新成果的产业化和商业化，多方协同，实现“1+1>2”的整体效应。

2.1.2 产学研合作中政府的作用

埃兹科维茨和雷德斯多夫（1995）提出，基于政府、企业和大学关系的官产学三螺旋模型，从而来研究政府、产业和大学之间的协同关系。三个主体相互作用，都可以起到主导作用。卡拉雅尼斯和坎贝尔（Carayannis and Campbell，2009）提出了区域政府、企业、大学等创新利益相关者形成的开放式协同创新的四重螺旋的创新创业生态系统理论。许多中文文献和外文文献将政府纳入产学研合作中，探讨了政府、大学和产业间合作创新中的功能、角色和作用（Gomes et al.，2017）。

对于在产学研合作过程中，政府究竟应该发挥什么作用，学术界始终存在争议。

政府是产学研合作的主导者。政府在产学研合作中的角色与定位是产学研合作创新战略实施的规划者与设计者，是大学、企业、科研院所等多方合作主体的协调者，是财政资金投入主体，承担着协同创新的环境制度供给（张忠迪，2014）。

产学研合作创新面临着资金短缺、合作的不稳定性和创新失败等风险。在政府政策的支持下，产学研合作可以在一定程度上纠正企业研发资金的紧缺、融资约束导致的创新系统失效和市场失效（OECD，1997）。

在产学研合作中，容易出现囚徒困境，政府干预可以促进合作，因此，政府的介入对产学研合作有重要意义（陶丹，2019）。政府介入有利于消除产学研合作创新中技术转移的障碍（Donald et al.，2003）。政府支持的科研项目一般具有高度外溢性和扩散性，因此，应该由政府主导并支持产学研合作（Senker，1998）。

政府能有效、迅速地调配有关科技经济资源，因此，政府在产学研合作中的宏观调控和政策引导的作用对促进产学研合作作用巨大（Lindsey，1985；张炼，1999；施莉莉，2015）。中小企业在技术、人才、资金等方面的竞争力不如大中型企业，政府对中小企业参与产学研合作实施倾斜政策，可以促进中小企业获得溢出知识，提升创新绩效（龙静、黄勋敬和余志杨，2012）。政府是产学研合作制度的设计者与供给者。政府通过机制引导、环境改善、政策服务等措施，可以提升大学、科研院所与产业界合作交流的积极性，推进知识创新和科研成果转化（彭华涛、马龙和吴莹，2013）。

在三重螺旋中，政府制度安排是协同创新能否成功的关键（Dzisah，2008；Goldfarb et al.，2003）。政府提供制度规则、协调创新活动，引导、激励大学、企业和科研院所的合作与交流，提供产学研合作法律等制度环境（Annamária，2004；Geisler，1997）。在产学研合作中，政府扮演着四种角色：一是宏观决策者的角色；二是服务者的角色；三是监督者的角色；四是管理者的角色（李丹和陈雅兰，2003）。政府在产学研合作创新中的主要作用有：一是制定法律法规，给参与产学研合作的主体提供良好的外部环境；二是以研发资助和税收激励等，直接、间接地降低产学研合作研发成本和研发风险，以促进产学研合作（Lane，2008）。艾莫和李（Eom and Lee，2010）研究影响韩国企业产学研合作的关键因素，发现政府支持产学研合作对专利产出有正向影响。日本产学研政策也大大促进了大学—产业联合申请专利的提升（Motohashi and Muramatsu，2012）。1985～2004年，中国产学研合作政策大大促进了联合申请专利的增长（Hong and Su，2013）。

有文献指出，从国家创新体系建设的需要出发，政府应该推动产学研合作，但需要厘清政府与市场作用的边界（陈明、郑旭和王颖颖，2011）。政府在推进产学研合作过程中，既不能越位，也不能缺位（李丹和陈雅兰，2003）。有文献指出，导致产学研合作效率不高的原因可能在于存在“伪市场化”的现象，即没有发挥市场配置科技资源的决定性作用，政府行政色彩比较浓，从而影响产学研合作效率的提升（谈毅，2015）。政府应该通过一定的补贴或者罚款等与利益相关的奖惩制度与奖惩措施，纠正在产学研合作过程中可能出现的投机行为（曹霞和于娟，

2016)。政府需要转变职能，从主导产学研合作向引导产学研合作转变（肖蓉，2018）。政府在产学研合作创新中应该更多地发挥协调者作用，不应该较多地介入，重要的是，给企业、大学和研发机构的合作提供一个良好、宽松的外部环境（Geisler，1997）。

在产学研合作发展的不同阶段，政府的角色定位与作用也相应地变化与调整。在政产学研金介合作发展的不同进程中，政府的作用也会相应地进行调整（满海雁和陈明，2011；黄庆德，2012）。随着中国市场经济的发展，政府在产学研合作研发中逐步从前台走向幕后，政府的作用不是替代市场，而是作为市场的补充，营造良好的公平竞争环境（陈明等，2011）。

在产学研合作发展的不同阶段，政府所扮演的角色也不同。（1）在产学研合作筹备阶段，政府通过设立产学研专项资助计划，建设技术转移中心、孵化器平台等，建立利益分配协调和信息共享等方式，引导产学研主体开展合作研究和成果转移（满海雁，2011；黄庆德、戴强和胡登峰，2012）；（2）在产学研合作发展阶段，政府通过制定产学研发展规划、完善政策性立法、提供专项资金资助等，营造良好环境，促进产学研合作稳定持续发展；（3）在产学研合作蓬勃发展阶段，政府通过建立信息共享网络、各类技术转移转化中心等，提升产学研合作成效（李培楠、赵兰香和万劲波，2013）。从产学研生命周期视角，政府在产学研合作发展的不同时期，应提供差异化的激励机制。

政府在产学研创新中的作用定位也是一个不断演进的过程，从制度直接供给到以间接调控为主、从项目管理到激励式管理、从主导者转到协调者、从单纯的资助模式到鼓励形成多元化的风险投资模式（Kobayashi，2000）。

在产学研合作中，政府应该准确定位，充分发挥其在产学研合作创新中的中心作用（谈毅，2015）。政府在促进产学研合作中的作用主要有四个方面：（1）发挥政府宏观调控能力，协调产学研合作创新主体的利益关系，鼓励产学研合作教育培训；（2）设立产学研合作协调管理机构，为产学研合作提供基础条件；（3）以资金资助引导产学研合作；（4）制定和完善相应的法律法规，为产学研合作提供政策保障（秦旭和陈士俊，2002）。

许多发达国家的政府在产学研合作中起到重要的引导作用、支持作用和推动作用。美国政府通过制定各种法律法规、发展科技服务中介，采用税收激励、研发补贴等政策促进产学研合作（蓝晓霞和刘宝存，2013；陶丹，2019）。研发补贴在促进产学研合作中起着重要的激励作用。德国的“卓越大学计划”对参与产学研合作的大学给予直接资金资助（许艳华，2013）。英国实施的连接计划，政府直接投入资金超过5亿英镑，促成了一千多个产学研合作创新项目（仇新明和韩锦标，2018）。

2.2 产学研合作政策

2.2.1 产学研合作政策内涵

2.2.1.1 创新政策

苏珊娜（Susana，1998）对科技创新政策进行研究，借助于E. 卫唐（E. Vedung，1998）将创新政策分为：法规型工具、经济型政策工具和财政型政策工具、软型政策工具。产学研合作不仅依赖于企业、大学和科研院所创新主体的努力，还与创新的制度环境相关（原长弘、章芬和姚建军，2015）。

目前，创新政策尚未形成统一的定义。有文献指出，创新政策是指，产业政策与科技政策的结合（Rothwell，1986）。创新政策包含产业政策中的贸易政策、组织政策、教育政策等（鲍克，1994）。也有文献指出，创新政策是指，科技和经济两方面政策的综合（Rothwell and Zegveld，1981；Lundvall and Borras，2005；彭纪生、仲为国和孙文祥，2008）。还有文献指出，创新政策是指，政府为了推动创新和科技发展制定的各种政策的统称（Dodgson and Bessant，1996；陈劲和王飞绒，2005）。

政策是通过一系列基本单元工具的合理组合而建构的，反映了决策者的公共政策价值及理念（黄萃等，2011）。政策工具是组成政策体系的元素，是由政府掌握的、可以运用达成政策目标的手段和措施（赵筱媛和苏竣，2007）。政策工具不仅是创新政策的重要组成部分，也是政策具体实施的措施（Borrás and Edquist，2013）。采用合适的政策工具并实施，是政策发挥预期效果的重要保障（陈满新，2017）。休斯（Hughes，2002）指出，政策工具是政府的行为方式，以及通过某种途径用以调节政府行为的机制。胡德（Hood，1983）指出，政策工具是实现公共政策目标的行为活动。李斯特（Lester，2002）指出，政策工具是政府对共同政策的执行手段，是解决公共问题的政策方法。徐雅婷（2017）研究指出，政策工具是政府将其实质目标转化为具体行动的路径和机制，是连接目标与结果的桥梁，是将政策目标转化为具体行动的路径和机制（陈庆云，2006）。

胡德（1983）指出，所有政策工具都采用政府资源：信息、权威、财力和可利用的正式组织来处理公共问题。

2.2.1.2 产学研合作政策

产学研合作政策是指，为鼓励和促进产学研合作而制定的一系列用于调整产业（企业）、大学、科研院所、中介机构、金融机构等主体关系的相关法律法规和政策的总和，体现了一个国家对产学研合作的态度、方向和重视程度（宋健和陈士俊，2008；黄青，2016）。产学研政策是为了鼓励和促进产学研合作而制定的各种法律法规和政策的总和（李洁等，2011）。产学研政策是以产学研合作为基础、专项基金为引导，以产学研合作办公室为中心的官产学协同创新模式（冯叶成、刘嘉和张虎，2012）。蔡嘉伟（2013）指出，产学研合作政策就是为了鼓励和促进生产企业、大学和科研院所按照“利益共享、风险共担、优势互补，共同发展”的原则，以技术合约为基础，依照各自的优势分担技术创新不同阶段所需投入的资源、合作进行技术创新而制定的一系列法律法规、行政命令、会议决议、计划规划和策略方案的总和。即调整产业、大学、科研院所、科技中介服务、金融机构等相关主体的法律法规和政策总和（宋健和陈士俊，2008）。产学研政策的形式包括法律、法规、规章、条例、通知、公告、计划和项目等，一般以书面形式颁布。目前，产学研政策已经成为中国科学技术政策的重要组成部分（黄青，2016）。

产学研政策应该是多层次、全方位的，以规范、引导、监督产学研创新合作各主体行动的准则或指南，其存在形式不仅局限于法律、法规，还包括项目、条例、计划等多种形式（陈满新，2017）。

2.2.2 产学研合作政策分类

中外文文献依据一定研究视角和分类标准，对产学研合作政策进行了分类。

2.2.2.1 根据政策导向分类

技术创新政策划分为使命导向型技术创新政策和扩散导向型技术创新政策两个维度（Ergas，1987）。艾德奎斯特和霍曼（Edquist and Hommen，1999）将创新政策分为需求型政策和创新型政策，指出创新过程是线性导向或者系统导向，并构建了政策目标—政策手段的两维度模型，分析了需求型政策工具和创新型政策工具的差异。有文献将公共政策工具分为三类：规制工具、经济金融工具和柔性工具（Bemelmans-Videc et al.，1998）。

2.2.2.2 根据政府对市场的介入程度和干预程度分类

有文献将创新政策划分为自愿型创新政策、混合型创新政策和强制型创新政策（Howlett，1995；Phaal et al.，2011；李世超和蔺楠，2011；黄曼、朱桂龙和胡军燕，2016）。张永安、耿喆和王燕妮（2016）采用文本挖掘的方法，对北京市中关村科技园区的102项科技政策进行了分类，提出区域科技创新政策可分为权威型创新政策、引导型创新政策、紧迫型创新政策及周期型创新政策。曾婧婧（2015）指出，中国省级地方政府产学研合作政策主要有结构式强制工具、契约式经济工具和互动式影响工具。

2.2.2.3 根据政策内容视角分类

产学研合作的政策，可以分为产业政策、科技人才政策、科学技术政策和财政金融政策（李风震和赵建素，2008）。产学研合作政策可具体划分为产学研专项政策、促进科技成果转化政策、人才政策、税收激励政策、产业政策等类型（刘媛，2012）。王守文等（2014）将中国现有的产学研合作政策分为需求要素政策、代理政策、国际交流政策、培训政策和宏观架构政策五种相互独立、相互补充的类型。具体有税收激励政策、科技成果转化政策、产业政策、人才政策和产学研专项政策五种类型。依据具体政策内容，产学研合作政策可以分为科技发展战略方针、科技发展规划、国家科技计划、科技成果转化政策、以政府财政资金引导为特征的专项工程政策、税收激励政策、知识产权保护政策、奖励和评价政策、其他产学研合作政策等（蔡嘉伟，2013）。刘丽（2013）通过对政策文本进行分析，发现政策可以分为财政投入、税收激励、知识产权保护、建立产学研合作基地、产学研创新联盟人才培养等。唐志（2010）提出，中国产学研合作公共政策包括，科技成果转化政策、科技计划和专项项目的政策、税收激励政策、知识产权制度、激励和评价机制。

2.2.2.4 根据政策导向的视角分类

政策可以分为供给型政策工具、环境型政策工具和需求型政策工具（Roy Rothwell and Walter Zegveld，1985）。供给型政策工具是指，政府通过对产学研合作提供各种直接要素的支持，来帮助产业界和学术界的沟通交流与任务协作，推动国家产学研合作创新，包括资金支持、人才培养、基础平台建设、科技信息支援等，主要体现了政府对产学研合作创新活动的推动作用。需求型政策工具是指，政府通过一系列扩大产业界和学术界合作需求的措施，拉动国家产学研合作创新，包括政府采购、贸易管制、合约研究、服务外包等，主要体现了政府对产学研合作创新活动的拉动作用；环境型政策工具是指，政府通过完善产学研合作的大环境，间接促进产学研合作创新，包括税收激励、法律健全、知识产权保护等。根据政策导向的视角分类，被大量中外文文献在研究创新政策时借鉴和采用（Lundvall and Borras，2005；沈冲杰，2007；程华和王婉君，2013；徐喆和李春艳，2017；赵筱媛和苏竣，2007；蔺洁等，2015）。

2.2.2.5 按照政策工具视角分类

产学研合作政策的主要政策工具有：政府研发补贴与税收激励。美国总统科技咨询委员会（President's Council of Advisors on Science and Technology，2009）提出，研发税收减免政策促进产学研合作发展的作用显著。税收减免政策和税收抵扣激励政策不仅能支持基础研究和应用研究，而且能刺激高风险创新研发的开展。美国政府建立孵化器、高技术开发区、科技城等，并设立创业服务中心，提供一系列服务，促进科技成果转化。英国政府推动产学研协同创新的一项重要的政策工具，是降低知识产权征税率。2013 年，英国政府实施“专利盒子”（patent box）计划，对企业的专利收益提供优惠的专利征税率。2013 财政年度，“专利盒子”计划覆盖 60% 的知识产权收益，企业知识产权收益税率降至 10% 。[①] 加拿大政府为大学、公共科研院所或科研联盟的科研活动提供退税优惠政策。对参与产学研合作项目的可享有其研发支出的 35% 退税优惠。小企业除了享有 20% 税收减免优惠外，还可获得其 30% 投资额的 10% 创新税收减免优惠（徐雅婷，2017）。

2.2.3 中国产学研合作政策发展

产学研合作是科技创新政策的重要组成部分。为了解决我国科研与

① IMF：以创新之盾 御全球放缓之矛，www. cngold. com. cn。

生产脱节的问题，1993年，《中华人民共和国科学技术进步法》颁布，提出鼓励企业、高等院校、科研院所开展联合和协作。[①] 1996年，《中华人民共和国促进科技成果转化法》颁布，进一步将“鼓励企业、高等院校、科研院所开展联合和协作”以法律形式予以确认。[②] 在探索产学研联合机制及有效运行模式，促进科技与经济的紧密结合，增强企业自主创新能力，提高科研水平和教育水平，推动经济、教育、科技体制改革等方面都取得了可喜的成果，初步建立了以市场为导向，企业为主体，产学研联合的技术创新体系。为解决科技向生产力转化能力薄弱、高新技术产业化程度低、企业创新能力不足的问题，中共中央、国务院于1999年8月颁布了《关于加强技术创新，发展高科技，实现产业化的决定》，明确企业在产学研合作过程中的主体地位，鼓励创建科技园区、资金及人才流动等多种渠道加强企业与大学和科研院所的合作。[③] 2000年，党的十五届三中全会指出，加强产学研结合，优化科技资源配置，2006年国务院颁布《国家中长期科学和技术发展规划纲要（2006～2020）》，提出“建立以企业为主体，市场为导向，产学研相结合的技术创新体系”。2007年，党的十七大报告指出：“加快建立以企业为主体、市场为导向、产学研相结合的技术创新体系，引导和支持创新要素向企业集聚。”国家产学研联合开发工程实施以来，通过企业与科研院所和高等学校开展技术转让、共建技术中心、共同研究开发课题、共办高科技实体等多种形式的产学研联合，促进了社会科技资源的优化配置，加速了科技成果的产业化，取得了明显的经济效益和社会效益。

党的十八届三中全会则明确提出，要建设以企业为主体、市场为导向的政产学研用协同创新机制，有效提升企业的技术创新能力和竞争力。

---

① 《中华人民共和国科学技术进步法》第三十二条，http://www.npc.gov.cn/wxzl/gongbao/2008－02/23/content_1462430.htm。

② 《中华人民共和国促进科技成果转化法》第十二条，http://www.most.gov.cn/fggw/fl/200710/t20071025_56668.htm。

③ 中共中央、国务院关于加强技术创新，发展高科技，实现产业化的决定，http://www.most.gov.cn/ztzl/jqzzcx/zzcxcxzzo/zzcxcxzz/zzcxgncxzz/200504/t20050427_21161.htm。

党的十九大报告明确提出，应“深化科技体制改革，建立以企业为主体、市场为导向、产学研深度融合的技术创新体系，加强对中小企业创新的支持，促进科技成果转化”。①

2.3 产学研合作政策演进研究

2.3.1 中国产学研合作的发展阶段

关于中国产学研合作发展的历史阶段划分，按照标志性典型重大事件的发生，学者提出的发展阶段主要有三阶段论。

吴继文等（2002）将中华人民共和国成立以后产学研合作发展分为三个阶段，分别是萌芽阶段（20 世纪 50 年代至 70 年代）、转型阶段（20 世纪 70 年代末至 80 年代初）、发展阶段（20 世纪 90 年代至今）。改革开放以来，以 1995 年和 2006 年召开的两次全国科学技术大会作为分界点，根据中国产学研合作发展的层次和深度，李健（2009）将中国产学研合作发展分为从产学研联合到产学研结合再到产学研用结合三个阶段。

何作利（2008）也将产学研合作发展过程分为三个阶段，即积极探索阶段（1985 ~ 1995 年）、科教兴国战略高度的快速发展阶段（1996 ~ 2005 年）、建设创新型国家战略高度的又好又快发展阶段（2006 年至今）。朱桂龙和杨东鹏（2017）基于 1992 ~ 2015 年中国知识产权的授权发明专利数据，定量分析了中国产学研合作发展的变迁，指出中国产学研合作可以分为三个时期：1992 ~ 1998 年为产学研探索期、1999 ~ 2005 年为产学研合作发展期、2006 ~ 2015 年为产学研合作繁荣期。

---

① 决胜全面建成小康社会 夺取新时代中国特色社会主义伟大胜利——在中国共产党第十九次全国代表大会上的报告［M］. 北京：人民出版社，2017.

2.3.2 中国产学研合作政策发展阶段

中国产学研合作政策的历史阶段划分，典型地分为三阶段和四阶段两种。

唐志（2010）将中国产学研合作创新政策的演变发展分为：初步探索阶段（1985～1991 年）、全面推广阶段（1992～1998 年）和快速发展阶段（1999 年至今）三个阶段。根据国家科技发展的战略导向，李世超和蔺楠（2011）指出，中国产学研合作政策发展历程可以分为：科技是第一生产力战略导向阶段、科教兴国战略导向阶段和“建设创新型国家”战略导向阶段。

刘丽（2013）针对改革开放以来中国产学研政策文本研究，指出产学研政策可以分为三个阶段：产学研合作探索阶段（1981～1993 年）、产学研合作全面推广阶段（1994～2001 年）、产学研合作快速发展阶段（2002 年至今）。根据中国产学研合作政策的重心，林庆藩和戴永务（2017）将 1985 年至今的产学研政策分为产学研联合、产学研结合、产学研用结合三个阶段。

蔡佳伟（2013）将改革开放之后的产学研合作政策的发展变迁概括为四个阶段：改革开放初期的萌芽阶段（1978～1991 年）、市场经济体制下的探索阶段（1992～1998 年）、促进企业为主体的合作机制的发展阶段（1999～2005 年）和产学研合作升至国家战略高度的繁荣阶段（2006 年至今）。

孙福全、王伟光和陈宝明（2008）分别以 1992 年、1999 年和 2006 年为界，将促进产学研合作的政策演变分为四个阶段：以改革推动产学研初步结合阶段（1985～1992 年）、探索市场经济体制下产学研结合新形势阶段（1993～1999 年）、明确提出探索新型产学研协作机制阶段（2000～2006 年）、将产学研结合提升到国家战略高度的阶段（2007 年至今）。

黄炳超（2019）将中国产学研合作政策的演变历程分为四个阶段，分别是：起步探索，科技体制改革促进产学研初步结合（1978～1991年）；跨界联合，市场经济体制改革促进产学研联合发展（1992～1998年）；协同结合，技术进步促进新型产学研协同发展（1999～2005年）；创新融合，创新驱动发展战略促进产学研融合发展（2006年至今）。

2.4 产学研合作政策测量

2.4.1 创新政策测量

美国学者格雷（Gray）最早进行了关于政策测量的探索。格雷（1978）首次对政策进行量化，将美国内华达州关于矿产权的法律政策转化为法律变革指数。格雷（1978）通过对矿产法的经验叙述和法律文本比较梳理，筛选出15个文本单元来刻画矿产权的主要特征。量化分析政策是将每个单元范畴的法律法规与已经生效的政策进行比较，如果详细并精准地描述了权利，记为1分；如果该政策单元内容与已经生效的政策在内容上基本相似，没有发现根本性的变化，记为0分。每项政策最后的总分由涉及改进的单元数量界定。一年中所有政策的总分，就是矿产政策的年度增加值（黄青，2016）。

希尔薇等（Sylvie et al.，2002）改变了既有文献将优惠政策等简单用虚拟变量来表达的方式，而是创造性地构建了优惠政策指数，采用该方法研究政策在1996～1999年对地区发展的影响，发现政策要素和地理要素对沿海地区经济发展同样重要，各占3%。拉诺伊等（Lanoie et al.，2007）研究环境政策与生态创新绩效的关系，将环境政策按照执行强度分为：不强、一般和非常强三类，同时，该文献对技术标准、排污费征收等政策也进行量化分析。殷华方、潘镇和鲁明泓（2006）研究中国政府在1987年、1995年、1997年和2002年分别颁布的四次典型的涉及外商投资的政策，按照两位数产业代码对政策目录进行了梳理、归类，按照一定原则对政策类别设定权重，最后，测算了外资产业政策指数。

政策文本是政府政策意图的表达，是描述政策意图和政策过程的客观凭证。文本分析方法就是对政策文本的内容进行细致、详尽和系统的分析。由文本的表层阅读、梳理与归纳，切入对文本内容内在逻辑的深层解读，全方位地理解政策的内涵（李纲，2007）。尽管政策文本量化分析的研究视角及侧重点不同，但是分析框架大体类似，即从政策的基本特征——政策颁布数量、发文主体、发文级别、政策关键词、政策目标等，研究政策演进的特点与规律（陈满新，2017）。

近年来，基于文本分析的政策测量引起了广大专家学者的关注。彭纪生、孙文祥和仲为国（2008）借鉴格雷（1978）的研究，对 1978 ~ 2006 年中国颁布的 422 项与技术创新相关的政策，从政策目标、政策力度和政策措施三个维度对政策进行量化分析，建立柯布—道格拉斯（Cobb-Douglas）生产函数模型，探究中国技术创新政策的力度、政策目标和政策措施对技术进步和经济增长的影响。彭纪生、孙文祥和仲为国（2008）得到学术界的广泛认同（张永安和闫瑾，2016）。一些文献借鉴彭纪生、孙文祥和仲为国（2008）的技术政策量化研究，根据政策力度、政策目标和政策措施三个维度，对中国科技政策及能源政策等做了量化分析。例如，程华和王婉君（2011）基于政策工具视角，参考彭纪生、孙文祥和仲为国（2008）政策量化的研究方法，对中国技术创新政策演变进行了分析。张永安和闫瑾（2016）建立柯布—道格拉斯生产函数多元回归模型，在对政策文本进行分析的基础上，探究了创新政策影响企业创新绩效的机理。

尚倩和赵晓庆（2010）借鉴彭纪生、孙文祥和仲为国（2008）的研究，对 2001 ~ 2009 年浙江省人民政府及各厅局颁布的与创新相关的 106 条政策，从政策力度、政策目标和政策措施三个维度，应用计量经济学模型对浙江省区域创新政策进行了统计分析。程华和钱芬芬（2013）以国家层面发布的与产业技术创新相关性最强的454条技术创新政策为研究对象，基于柯布—道格拉斯生产函数，利用2000~2009年产业面板数据，对政策力度、政策稳定性与创新绩效进行了研究，发现创新政策力度对技术绩效有显著的促进作用，但是，对经济绩效的影响不显著。徐宏毅、李程和徐硼（2014）从政策绩效、政策数量、政策目标、政策措施和政策力度五个维度，对2001~2010年中国的95项金融政策进行了量化分析。张国兴等（2014）从政策力度、政策措施和政策目标三个维度，设计了节能减排政策量化标准，量化分析了1978~2013年中国的节能减排政策。盛亚和孔莎莎（2012）从政策力度、政策目标、政策措施三个维度，对中国知识产权政策进行量化分析。

王霞、郭兵和苏林（2012）基于1998~2010年上海市颁布的192项科技政策，通过单元文本分析，采用二值数据，属于则表示为"1"，不属于则表示为"0"，对科技政策进行量化分析。黄萃等（2011）从政策颁布年度、政策优惠对象、政策优惠措施和政策优惠税种四个维度对1987~2008年中国的近百份高新技术产业税收激励政策文本进行了量化分析。

郑代良和钟书华（2010）从政策文本数量、政策主题分布、文本特别说明、政策制定的主体构成和制定主体交互关系五个方面，对改革开放以来中国的368份高新技术政策文本进行了定量分析，归纳了中国高新技术政策制定的基本特征。兰赛和赵引（2014）基于政策文本内容，以需求型政策工具、供给型政策工具、环境型政策工具、市场型政策工具四类政策工具，提出了政策分类编码方法，并对2003~2011年广东省高技术行业的技术创新数据和相关政策进行了量化分析，并研究了政策对企业创新绩效的影响。

一些文献建立二维分析框架或者三维分析框架来测量、分析政策。刘凤朝和孙玉涛（2007）构建了效力和类型两个维度，提炼了1980~2005年中国创新政策的演化脉络。赵筱媛和苏竣（2007）从政策工具、科技活动特点和科技政策作用领域三个要素，设计了创新政策X—Y—Z

三维立体分析框架。其中，X 维度是政策工具，分别是需求型政策工具、供给型政策工具和环境型政策工具；Y 维度是创新科技活动类型，将创新活动分为基础研究、研究与开发和产业化；Z 维度是指明科技活动作用的产业领域，有第一产业、第二产业和第三产业，并以此框架分析了《鼓励软件产业和集成电路产业发展若干政策》。黄萃等（2011）建立了产业价值链与政策工具二维分析框架，采用文本分析法对中央政府颁布的 42 项风能政策进行编码分析，归纳中国风能政策在政策工具选择的过溢问题、缺失问题与冲突问题。汪涛和安暄（2011）基于政策的多维特点，建立了科技政策文本编码和类定量化分析框架，横向包含政策数量和内容演进，纵向包含主体部门协同及政策作用面。张镧（2013）运用文本分析法，分析了 1978～2012 年湖北省高新技术产业的 527 份政策文本。通过对政策文本的数量发展、区域分布、文种类型、发布主体、政策主题等的统计分析，归纳总结出湖北省高新技术产业政策的历史演进脉络。樊霞和吴进（2014）系统地梳理了中国共性技术创新政策文本，构建共性技术创新政策分析框架，通过政策主题关键词分析，揭示了中国共性技术创新政策的基本特征和演化变迁规律。李敏等（2018）通过对中国科协政策体系演变历程的研究，提出政策从单一向多元、从管理向治理、从单项向组合的发展趋势。

2.4.2　产学研合作政策测量

一些文献尝试对政策进行测量与量化分析，取得了一定进展。刘凤朝和徐茜（2012）创新了产学研合作政策量化的研究方法，运用社会网络分析方法，从政策制定主体角度出发进行政策内容的量化研究。朱桂龙和程强（2014）运用社会网络分析法，采用广度—深度二维，对 1985～2013 年中国颁布的 651 条产学研成果转化政策及演化轨迹进行了分析，分析了产学研成果转化政策的基本特征、主体合作网络结构，指出中国产学研成果转化政策制定主体众多。徐宏毅、李程和徐硼（2014），王霞、郭兵和苏林（2012）也从多维度、多视角对产学研合作政策进行了研究。

汪洁、唐震和樊珍（2015）选取江苏省与产学研合作相关政策 38 项，采用文本分析法进行了分析，指出江苏省政府促进产学研合作成效显著，各相关部门的协调较好，但在利用财政政策、税收政策方面仍有一定改善空间。该文献将政策分为基于方向引导型政策、载体建设型政策、人才培养型政策三大类，进一步运用共词分析法对政策文本提取了 34 个主题词，指出江苏省产学研政策主要关注科技创新、科技成果转化、人才培养和协同创新平台。

刘瑞等（2016）对国务院及各部委在 1978 ~ 2015 年颁布的 1521 条产学研创新政策的政策文本进行了量化分析，采用社会网络分析法绘制了政策文本主题关键词的变迁。研究发现，中国产学研创新政策主要关注创新发展、科技创新、经济社会发展、人才培养和公共创新服务五个领域，并提炼出 29 个关键词。政策演化轨迹分为起步探索阶段、缓慢发展阶段、快速发展阶段和重点突破阶段，虽然不同阶段聚焦不同主题，但是，科技成果转化、技术创新、产业发展、平台建设、人才培养和合作路径等，始终是产学研政策关注的热点。

2.5 产学研合作政策绩效

2.5.1 创新链

知识创新是一个过程。知识创新包括知识创造、知识储存、知识扩散和知识开发应用四个阶段（Heisig，2000）。阿米东（Amidon，1997）指出，知识创新是指，创新知识产生、演化和开发应用新思想，将创新成果形成的产品和服务成功商业化，并且获得利润的创新链。结合动态知识价值链理论，芮明杰等（2004）提出，知识创新包括知识的获取、选择、融合、创造、扩散和共享六个阶段。理查德和皮耶保罗（Rechard and Pierpaolo，1998）基于供应链的视角提出了知识链的概念，把知识链看作一种管理供应链隐性知识的途径，主要是核心能力的识别、培育和转换的过程。从宏观层面来看，知识供应链涉及企业、大学、科研院所和政府等创新主体的国家创新系统，是科技资源转化为经济成果的过程。柳卸林（1999）指出，知识供应链构成包含以大学、国家重点实验室和公共科研院所等为主体的研究体系。原长弘和孙会娟（2013）研究发现，中央政府与地方政府对于大学知识创新链有着不同的影响作用，地方政府对大学人均论文产出效率、专利申请效率和专利授权效率存在倒“U”形关系。

知识供应链是指，以满足顾客需求为目标，通过知识创新将知识供应者、知识创新者和知识使用者连接起来，以实现知识整体优化和利润最大化目标的网络结构模式，主要包括知识积累、知识创新和知识经济化三个阶段（蔡翔、严宗光和易海强，2000）。李翠娟和宣国良（2006）从知识流动过程和知识运营过程（知识供应源、企业和顾客）两方面建立了知识供应链合作创新过程模式。知识供应链由大学、科研院所、知识代理机构、企业和顾客等不同的产学研知识创新主体组成（王晰巍、靖继鹏和范晓春，2007）。

2.5.2　产学研政策与研发经费

基于创新投入视角，孙莹（2015）构建了研究模型，通过企业问卷数据实证检验了税收激励政策与创新投入的关系，研究证实税收激励政策促进企业创新投入进而提升企业创新绩效。解学梅（2015）通过长三角地区1206家制造业企业的问卷数据，实证研究企业协同创新影响因素，发现政策环境因素是影响企业协同创新的主要因素之一。政策环境因素对多维协同程度的影响最为显著。

随着产学研合作政策力度的加强，会促进产学研合作经费的投入。

神原英姿（Sakakibara，2001）、布兰施泰特和神原英姿（Branstetter and Sakakibara，2002）分析了日本政府研发补贴政策，发现参与研发联盟的公司获得政府补贴后研发支出更高。霍滕罗特和洛佩斯（Hottenrott and Lopes Bento，2014）测试了旨在激励合作研发的政策是否实现了预期的投入目标和产出目标，研究结果发现研发补贴促进了研发投资。斯堪杜拉（Scandura，2016）调查了公共资助的大学与企业研发合作对英国企业研发的影响，发现在研发项目结束两年后，产学研促进了人均研发支出。

2.5.3 产学研政策与知识创造

大学作为产学研合作的知识创新主体，是知识创新的源泉。《国家中长期科学和技术发展规划纲要（2006～2020）》明确指出，高校是中国培养创新人才的重要基地，是中国基础研究和高技术领域原始创新的主力军之一，是解决国民经济重大科技问题、实现技术转移、成果转化的生力军。[①] 专利作为衡量发明绩效、知识扩散、在不同层面创新活动国际化的关键指标，包含了旨在商业化使用的发明的直接结果以及关于创造性活动速率的信息，并且容易获得（Huang and Chen，2017）。因此，一般都采用论文和专利的数量，衡量大学知识创新。

瑟斯比等（Thursby et al.，2002）研究发现，美国联邦政府和州政府的支持提升了大学专利许可。洪和苏（2013）基于1985～2004年中国的专利数据库研究发现，中央政府和地方政府是两个激励产学研合作的制度力量。黄和陈（Huang and Chen，2017）研究表明，获得政府产学研资助的大学，在开展产学研活动中往往拥有更多的优势，从而提高其学术创新绩效。卡扎尼孜奇等（Czarnitzki et al.，2007）从德国和芬兰的销售数据和专利数据分析了研发合作和政府研发补贴对研发的影响，发现研

① 国家中长期科学和技术发展规划纲要（2006～2020年），http://www.scio.gov.cn/32344/32345/35889/36946/xgzc36952/document/1558921/1558921_1.htm。

发合作对研发产出有积极的影响。

原长弘和孙会娟（2013）研究发现，政府支持和企业支持在大学知识产出中起到不同的影响作用。企事业单位经费并不能促进大学人均论文产出增长，但可以促进大学人均专利申请量的增加。玛吉等（Marge et al.，2014）从政策工具和跨国比较视角采取定量分析方法对欧洲23个国家政府产学研政策措施进行了实证研究。

2.5.4 产学研政策与创新绩效

创新绩效在合作过程中仍然是重要的问题。绩效问题是产学研合作研究文献一个永恒的研究主题（Rivera-Huerta et al.，2011）。

一般来说，私人企业资助大学学术研究人员，目的是获得某种知识或技术的竞争优势，而基于资源的动机获得企业资助的学术研究人员，可能会更多地参与企业的研发活动，以期达到企业的期望（Bozeman and Gaughan，2007）。大学获得政府支持项目和企业支持项目的创新效果存在一定差异，企业资助的产学研合作项目提供给大学更多合作机会，而政府资助大学的产学研合作项目，提高了大学的研发能力，从而提高大学研究人员参与产学研合作的水平（Chau，Gilman and Serbanica，2016；Boardman，2009）。

艾莫和李（Eom and Lee，2010）利用韩国的创新调查数据进行研究，发现政产学合作对创新专利有正的影响，但是，对于销售额或劳动生产率没有影响。樊霞、赵丹萍和何悦（2012）运用数据包络分析—托比特方法（DEA-Tobit model）进行研究，计算了中国广东省企业的产学研合作创新绩效和影响因素，研究结果揭示了企业规模、企业吸收能力、政府研发补贴程度、研发战略开放程度是企业产学研合作创新绩效的重要影响因素的结论。肖丁丁和朱桂龙（2013）研究表明，政府研发补贴对合作效率有正显著影响，而且，影响效果具有长效性。原长弘、赵文红和周林海（2012）研究发现，城市层面的政府支持和市场不确定性正向调节学校层面知识转移效率的关系。郭净、刘兢轶和刘改芬（2014）构建了政策导向和市场导向对技术创新绩效的影响机制模型，研究发现，政策导向和市场导向对技术创新绩效均有直接的正向影响。郑春美和李佩（2015）以创业板 331 家上市高新技术公司为研究样本，对政府财政激励政策对于中小型高新技术企业创新绩效的影响进行了实证分析，并将政府补助和税收激励的激励效应进行比较。研究结果显示，政府补助对企业创新绩效有显著的激励作用，而税收激励在增加企业创新绩效的同时，有时还会对其产生负面影响。

2.5.5 产学研合作的门槛效应

2.5.5.1 产学模式、产政模式的门槛效应

目前，关于产学模式、产政模式两种合作方式之间互动模式的研究较少，文献更多基于企业角度探讨产学研合作和企业内部研发之间的互动模式。一部分文献通过实证研究，证实了企业 R&D 投入密度在产学研合作与企业内部研发之间具有门槛效应。基于企业视角，樊霞、何悦和朱桂龙（2011）利用中国广东的省部产学研合作专项计划数据研究发现，企业内部研发与产学研合作研发之间具有互补性的关系，企业研发投入密度越大、研发人员投入越多、获得的政府研发补贴越多，企业越倾向于选择同时进行内部研发活动和产学研合作研发活动。樊霞、任畅翔和刘炜（2013）基于企业 R&D 投入的门槛效应，进一步检验产学研合作与企业独立研发的关系，指出企业 R&D 投入在技术密集型行业和资本密集型行业中发挥互补性门槛作用，而在劳动力密集型行业则具有替代性门槛作用。企业 R&D 投入的水平差距构成了一个重要的门槛变量，只有当企业 R&D 投入越过门槛值后，产学研合作对企业独立研发的互补性作用才能得以发挥（樊霞、何悦和朱桂龙，2011；樊霞、任畅翔和刘炜，2013）。

企业的技术能力（主要是技术创新能力和技术吸收能力）在产学研

合作与企业内部研发互动中具有特殊的门槛作用。研究发现，当技术创新能力较弱时，外部的产学研合作对企业内部研发具有替代性。只有在企业的技术创新能力超过某一门槛的情况下，产学研合作研发对于企业内部研发的作用才会表现出互补性（原毅军和于长宏，2012）。

2.5.5.2　产学研合作政策的门槛效应

大学与企业、政府合作的目的，均是为了提高知识创造能力。在产学研合作政策发展的初步阶段，随着政府不断加强和促进产学研合作，大学与企业、政府合作积极性也不断加强，此时，产学合作和政学合作可能表现为互补，大学通过和政府合作增强了自身的知识创造能力，进一步促进了大学与企业的合作。基于资源观的理论认为，对大学来说，获得了产业研究经费支持，与合作伙伴分享风险，获得互补的技能和知识（Azoulay et al.，2009；Bruneel et al.，2010；Siegel et al.，2003；Stephan，2012），通过问题导向思维，完善学术成果，提高学术成果的效率和有效性（Adams et al.，2005，2005a，2005b）。阿尔梅达等（Almeida et al.，2011）发现，产学研合作为大学提供了额外知识和专业知识，可以使大学从更广泛的地理、组织和科学范围获得知识，为进一步创新发展奠定基础。

而随着产学研合作政策的加强，政府和企业对大学的资源投入会出现饱和或者过剩的现象。此时，大学的知识创造能力提升已不足以跟上外部资源的投入，当大学开展其中一种合作途径时，其知识资源的有限性会对另一种合作途径产生抑制作用，从而表现出替代性。朱利亚尼和阿扎（Giuliani and Arza，2009）指出，大学与产业合作过于密切，就会出现更多产业驱动、短期的、问题导向的研究，可能会损害研究人员对知识的自由探索。林洲钰、林汉川和邓兴华（2015）研究发现，政府研发补贴政策对于企业专利产出的影响呈现出倒“U”形关系。即当政府研发补贴强度低于某一临界值时，补贴政策显著促进了企业专利产出；当政府研发补贴强度超过临界值时，补贴政策对企业专利产出的抑制效应开始显现。原长弘、高金燕和孙会娟（2013）研究发现，地方政府作为大学知识创新链的外部政策环境，所创造的科技环境与大学人均论文产出效率、专利申请效率和专利授权效率存在倒“U”形关系，随着中国地方政府科技拨款比重的不断加大，大学人均论文产出效率、专利申请效率和专利授权效率最终会从提高转变为降低。冯海红、曲婉和李铭禄（2015）研究了政府税收激励政策对企业研发投资的非线性影响，在最优的政策力度门槛区间内，政策对企业研发投资有着显著的正向激励作用，而当政策力度小于第一个门槛值时激励作用较为微弱，大于第二个门槛值则产生反效果。在一定范围内，政府税收激励政策对企业研发投资有着显著的正向激励作用，且存在最优的政策力度区间。

2.6 研究述评

综上所述，产学研及其相关政策研究已经取得了一定研究成果，为我们的研究提供了一定基础，但是，对中国产学研创新政策的全面测度和全面评估还是一个有待开拓、研究的领域。

第一，促进产学研创新政策工具的结构是否合理。政策工具是实现政策目标的手段。政策工具之间既相互排挤又相互补充，不同政策工具的干预强度也不同。本章将基于政策工具视角，从目标导向和政策力度等多维度研究中国产学研合作政策的演化规律，探讨产学研合作政策演变的主要影响因素。

第二，目前，对产学研合作政策评价的研究比较少。对产学研合作政策评价的研究主要包括两方面：一是大多数研究侧重于对产学研合作绩效评价的研究，忽略对产学研合作过程的评价，也未能回答产学研政策如何影响知识创新、知识转化的效率；二是研究大多立足于大学、科研院所层面对产学研合作进行评价，忽略产学研合作对企业的影响。而且，对产学研合作绩效评价体系的研究主要是对产学研合作投入、产学研合作产出以及产学研合作投入产出效率的评价，主要关注专著、论文、课题和专利等产出，忽略了科技成果转化、技术市场交易和新产品销售收入等指标。在研究对象的选择方面，以企业为样本的微观层面的实证研究较少。囿于样本数据的可得性，现有研究大多以区域或产业等宏观指标进行测评。但是，企业作为技术创新体系的主体，其创新效果更能直接反映产学研合作的质量。本书将重点研究产学研合作政策工具在知识创新、知识转化和知识产业化创新链不同环节中的作用机制。从宏观层面（来自统计年鉴数据）和微观层面（来自抽样调查数据），基于知识创新、知识转化和知识产业化创新链，分别测量产学研合作创新政策在不同环节中的作用。研究产学研合作创新政策的作用机理，探索产业特征、地区经济发展状况等变量对产学研合作政策效力的影响。

第三，在产学研合作的不同阶段，政府的角色定位不同，不同产学研合作模式对政策需求也不同。本书将关注产学研合作活动微观机制，结合产学研发展的不同阶段和不同合作模式，比较不同政策工具对产学研过程创新绩效的影响。

第3章　中国产学研合作政策演变脉络研究

产学研合作对于提高自主创新能力意义重大，因此，各国政府制定了许多促进产学研合作的政策。本章采用文本分析法，以1992～2018年国家及各部委颁布的493项产学研合作政策为研究样本，通过对政策制定主体、数量、力度、类型等进行计量分析，挖掘了中国产学研合作政策的基本特征和演变规律；进一步通过对政策核心关键词的提取，揭示中国产学研合作政策不同发展阶段的主题演变脉络和发展路线。最后，根据研究结论，提出了完善中国产学研合作政策的相关建议。

3.1　中国产学研合作政策演变

采用科技创新政策促进产学研合作，不仅是促进产学研合作的内在需求，也是全面推进创新型国家建设的必然需求（王守文和颜鹏，2014）。自1992年以来，政府部门相继制定了多项促进产学研合作的政策。例如，《国务院关于“九五”期间深化科学技术体制改革的决定》《国家中长期科学和技术发展规划纲要（2006～2020）》《广东省人民政府、教育部、科学技术部关于深化省部产学研结合工作的若干意见》等，明确指出鼓励企业和大学、科研院所开展多种形式的合作，建立产学研联合攻关机制，提高自主创新能力，促进经济转型升级和产业转型升级。

对产学研合作政策相关文献梳理研究发现，文献从多个视角对产学研合作政策进行研究，概括起来大致有三大类。

3.1.1　关于产学研合作政策的历史演进研究

多数文献试图从政策数量的变化揭示产学研合作的历史变迁和演化趋势。也有文献通过对高频关键词的分析，发现产学研协同创新政策的主题演变轨迹，并将产学研政策演变划分为不同的阶段（李世超和蔺楠，2011；朱桂龙和程强，2014；闫杰等，2012；刘瑞等，2016）。

在国家层面对中国产学研合作政策回顾的基础上，李世超和蔺楠（2011）指出，中国产学研合作政策可以分为三个阶段。其中，1978 年全国科学大会召开，1996 年颁布《中华人民共和国促进科技成果转化法》，以及 2006 年全国科学技术大会召开和《国家中长期科学和技术发展规划纲要（2006～2020）》的颁布，分别是不同阶段的重要里程碑。

朱桂龙和杨东鹏（2017）基于国家知识产权局 1992～2015 年的授权发明专利数据，运用网络图谱以及科学计量方法，将中国产学研合作政策的演进分成三个阶段，分别是产学研初期探索阶段、产学研发展阶段和产学研战略繁荣阶段。

朱桂龙和程强（2014）以 1985～2013 年中国颁布的 651 条产学研成果转化政策为研究样本，绘制了不同阶段主体合作网络图。结合政策侧重点、政策目标和政策特征，将产学研成果转化政策体系的演化划分为三个阶段。

政策启动阶段（1985～1998 年），主要以体制改革为起点，形成了成果转化政策的初步框架。政策细化阶段（1999～2005 年），1999 年中共中央、国务院发布了《关于加强技术创新，发展高科技，实现产业化的决定》，国务院各个部委分别制定了相关政策法规，内容涉及经济措施、教育措施、财政措施等。

政策深化阶段（2006 年至今），2006 年国务院颁布了《国家中长期科学和技术发展规划纲要（2006～2020 年）》以及配套政策。蒋勋、潘云涛和苏新宁（2015）基于文献研究，将官产学研合作划分为三个不同阶段。

也有文献指出，中国产学研合作政策发展可以分为四个阶段。依据经济体制改革的进程和政策发挥的作用，蔡嘉伟（2013）将中国产学研合作政策发展分为四个阶段：改革开放初期产学研合作的政策萌芽时期（1978～1991年）、市场经济体制下产学研合作的政策探索时期（1992～1998年）、促进企业为主体的产学研合作机制的政策发展时期（1999～2005年）、产学研合作升至国家战略高度的政策繁荣时期（2006年至今）。

3.1.2 关于完善产学研合作政策体系研究

刘丽（2013）基于联盟能力理论，从内生动力激励出发，分别从政策目标、政策维度和政策工具构建促进产学研合作联盟的政策框架，并提出完善政策体系建设的建议。胡冬雪和陈强（2013）指出，参与制定中国产学研成果转化政策的主体越来越多，会出现政出多门的情况。政策重复以及政策冲突，不但会造成资源浪费，甚至会导致政策失败。通过与发达国家产学研合作政策比较，宋健和陈士俊（2008）提出，中国政府需要增加资金投入，完善中介机构并构建合作创新机制。黄明东（2017）指出，中国产学研合作发展的主要问题有，未制定规范产学研合作的综合性法律，难以形成政策合力，产学研合作经费投入结构不合理，科技成果转化率仍有待提升等问题。刘瑞等（2016）研究发现，中国产学研协同创新政策的主题，主要集中在创新发展、科技创新、经济社会发展、人才培养和公共创新服务五个方面。朱桂龙和杨东鹏（2017）研究发现，伴随科技创新战略的演变，中国产学研合作网络规模持续扩张，网络结构越发紧密复杂。李良成和陈兴菊（2018）以2006～2015年中国颁布的产学研合作和协同创新的80项政策、法规文本作为研究对象，从政策制定主体、政策关键词的社会网络和创新链三个维度进行量化分析。该文献研究发现，产学研协同创新政策的发文主体单一且过多，造成政出多门，政策协调难度大；产学研协同创新政策分散在不同的行政法规及部门规章中，缺乏专项法律，影响政策的实施效果；国家重点围绕产学研合作、创新人才培养、知识产权、关键共性技术等形成了较为有效的政策体系，为产学研协同创新提供了宏观政策保障，但微观政策仍相对欠缺。

3.1.3　产学研合作政策工具组合研究

政府在推动产学研合作中，可以运用的政策工具不是单一的，而是一组从依靠市场力量到政府强力介入的政策工具组合。很多文献对产学研合作政策的研究，着眼于对政策工具的研究。例如，曹燕萍、胡谦和梁胜男（2011）指出，应该聚焦于财政税收政策，通过对财政税收政策的调整和完善，走出困境，促进中国产学研合作创新更好、更快地发展。吴勇和陈通（2010）研究产学研合作创新中的政策激励机制，指出政府的财政补贴有利于提升企业的自主创新投入、新产品产量与利润、研发机构的利润和社会福利。李世超和蔺楠（2011）将产学研合作政策工具分为自愿型、混合型和强制型三类，指出政府应该将宏观政策制定的内在逻辑与微观机制研究统一起来，针对不同产学研合作产生的实际政策需求，合理地选用政策工具组合对产学研合作进行干预。王晶金、刘立和王斐（2017）以科技成果转移政策为例，研究产学研协同创新的相关政策，提出加强需求面政策。因此，中国应该适当提高需求型政策的应用水平。

视政策干预程度的强弱，政策工具也可以大致分为强制型政策工具、混合型政策工具和自愿型政策工具三大类。其中，强制性政策工具包括，设立产学研合作专项，依托重大科技计划组织产学研联合攻关，依托国有领军企业组建产业技术创新联盟等。混合型政策工具包括，建立国家大学技术转移中心、工程技术中心，加大产学研合作的税收激励和金融优惠，对产学研合作产品政府优先安排采购等。自愿型政策工具则包括，依托技术市场进行专利授权、技术交易，促进技术服务、技术咨询和委托研究等（黄曼、朱桂龙和胡军燕）。

从现有研究可以看出，围绕产学研合作政策的研究主要集中于定性层面分析，聚焦于对政策的描述性分析或者是阶段划分，但是，关于产学研合作政策的内容梳理和分析相对偏少。鉴于此，本章以促进产学研合作相关创新政策（简称产学研政策）为对象，对政策进行系统梳理。运用文本分析法，采用定性与定量相结合的方式，从政策的制定主体、政策颁布数量、政策力度和政策类型等分析，探究中国产学研合作政策的基本特征及演变规律，并通过提取文本关键词，揭示中国产学研合作政策主题及作用范围的演变脉络，为完善中国产学研合作政策提供决策参考。

3.2 样本来源与分析框架

3.2.1 样本来源

中国产学研政策发布主体主要是国家相关行政部门。从形式上看，主要是法规、行政规章、规范性文件等。政策对象主要是企业、高等学校和科研院所、中介机构等主体。本章中的产学研合作政策是指，中央政府及各直属部委为促进企业、大学、科研院所的合作及各方资源的合理配置，以书面形式颁布的各种法律、法规及规范性文件。

遵循相关性、权威性和公开性的原则，以“产学研”“校企合作”“产教融合”“产学研合作”等关键词，在中华人民共和国教育部①官方网站、中华人民共和国科学技术部②官方网站、中国法律信息网等网站，收集了 1992 ~2018 年国家及各部委（颁布单位涉及全国人大常委会、国务院、教育部、科技部、国家发展和改革委员会、工业和信息化部、财政部、税务总局、国防科工委、国家知识产权局、农业部、经济贸易委员

① 1998 年，中华人民共和国国家教育委员会更名为中华人民共和国教育部。
② 1998 年，中华人民共和国国家科学技术委员会更名为中华人民共和国科学技术部。

会、交通部等近40多个部门）颁布的产学研合作政策1495项（不包括各省区市颁布的政策）。通过对每项政策逐条研读，剔除仅提及产学研合作且相关性不强的政策，筛选出与产学研合作相关性较强的493项政策[①]。

文本分析法是一种对文本内容进行深入分析，定量与定性相结合的方法。文本分析法能使研究者避免主观干扰，从而在大量非结构化、碎片化的文本中提取关键信息（李健、高杨和李祥飞，2013）。为了保证分析的准确性和科学性，选择一个样本的全部内容作为分析单元，参考张镧（2014）、樊霞和吴进（2014）的研究，建立了国家产学研合作政策文本结构化编码和分类体系，见表3－1。

表3－1　　国家产学研合作政策文本结构化编码和分类体系

一级要素	二级要素
基本信息	颁布年份
	政策名称
	政策类别
政策制定主体	政策制定者
	参与制定单位
	主体层级
政策内容	关键词1
	关键词2
	关键词3
	关键词4
	关键词5
政策效力	政策力度

资料来源：笔者根据1992～2018年中华人民共和国教育部官方网站、中华人民共和国科学技术部官方网站、中国法律信息网等网站披露的国家及各部委颁布的493项产学研合作政策样本整理而得。

主体层级体现发文机构的权威性，即政策对产学研合作各主体的相对影响程度。493项产学研合作政策由全国人大常委会、国务院、科技部等颁布。本章将产学研合作政策颁布主体分为三个层级：第一层级为全国人大常委会；第二层级为国务院；第三层级为各部委。产学研合作政策具有复杂性，仅由政策制定主体的级别来确定政策效力还不能充分体

① 本章简称国家及各部委颁布的493项产学研合作政策样本。

现政策的实际力度。借鉴彭纪生、孙文祥和仲为国（2008）对中国技术创新政策测量的框架，结合政策制定主体的层级和政策类型，对产学研合作政策力度进行赋值，构建了产学研合作政策力度测量标准，见表3－2。

表3－2　　产学研合作政策力度测量标准

指标	得分	评判详细标准
政策力度	5	全国人民代表大会及其常务委员会颁布的法律
	4	国务院颁布的条例
	3	国务院颁布的暂行条例、各部委颁布的条例、规定和决定
	2	各部委的暂行规定、办法、意见、规划
	1	通知、公告

资料来源：笔者参照彭纪生、孙文祥和仲为国（2008）等整理而得。

3.2.2　中国产学研合作政策描述性分析

3.2.2.1　中国产学研合作政策的数量及效力

自1992年实施“产学研联合开发工程”以来，中国每年颁布的涉及产学研合作政策的数量呈现上升态势。1992～1998年，中国各级政府颁布的产学研合作政策年均为4.14项，最高的年份有11项。1999～2005年，年均颁布12项，约为1992～1998年的3倍。2006年，《国家中长期科学和技术发展规划纲要（2006～2020）》颁布，是中国科技发展的重要里程碑。2006～2018年，产学研合作政策呈爆发式增长，年均颁布31项，最高的年份达到82项，是1999～2005年的2.58倍。

从政策力度看，每年的政策力度与数量几乎以相同的轨迹逐年上升，仅有1997年和2007年略有差异，主要原因在于，1995年《国务院关于“九五”期间深化科技体制改革的决定》和2006年《国家中长期科学和技术发展规划纲要》等具有纲领性作用政策的颁布，对后续年份影响较大。中国产学研合作政策颁布数量及政策力度演变，见图3－1。产学研合作政策的最大力度达到252，年均政策力度为103，约为1992～1998年的6.2倍，约为1999～2005年的3.7倍。

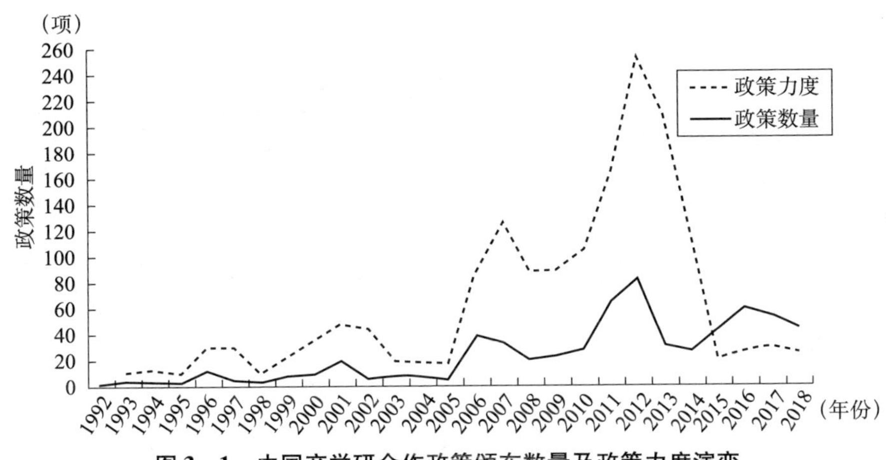

图 3－1　中国产学研合作政策颁布数量及政策力度演变

资料来源：笔者根据 1992～2018 年中华人民共和国教育部官方网站、中华人民共和国科学技术部官方网站、中国法律信息网等网站披露的国家及各部委颁布的 493 项产学研合作政策样本整理绘制而得。

3.2.2.2　中国产学研合作政策的制定主体及分类

从政策颁布参与主体数量分析，40 多个部委参与 493 项产学研合作政策的制定与发布，其中，单独发布的产学研合作政策有 360 项，占比为 73.0%，联合发布的产学研合作政策有 133 项，占比为 27.0%。

从政策发布主体看，科技部、教育部是产学研合作政策的主要颁布主体。1992～2018 年科技部共发布 123 项产学研合作政策，其中，单独发布 58 项，联合发布 65 项，居各部委颁布数量之首，教育部次之。这说明，科技部作为中国科技工作的主管部门，与其他部委之间的协同配合度较高（孙文祥、彭纪生和仲为国，2007）。

从政策颁布类型看，产学研合作政策包括法律、法规、通知、办法、意见、条例、实施细则等 20 多种，涵盖所有文件形式。绝大部分产学研合作政策是以通知（占比为 37.32%）和意见（占比为 28.46%）的形式颁布，法律形式为四项。这表明，中国部分产学研合作政策权威性不足，没有形成法律体系，具有一定试探性。国家试图通过试验、试行的方式，灵活而积极地推动产学研合作政策体系的完善，产学研合作政策文本类型分布，见表3-3。

表3-3　　　　产学研合作政策文本类型分布

办法	部令	法律	方案	纲要	公告	规划	规章	章程
13	1	4	9	22	3	60	1	1
计划	决定	决议	实施细则	通知	协议书	意见	暂行规定	政策
12	16	1	2	184	1	141	1	5

资料来源：笔者根据1992~2018年中华人民共和国教育部官方网站、中华人民共和国科学技术部官方网站、中国法律信息网等网站披露的国家及各部委颁布的493项产学研合作政策样本计算整理而得。

3.3　产学研合作政策关键词演变分析

3.3.1　产学研合作探索阶段

对各项产学研合作政策采取多关键词标注的方式提取文本信息。为保证关键词的准确性和有效性，将同义词和近义词进行合并，如“产学研合作”“产学研结合”“产学研联合”统称为“产学研合作”。经过反复多次标注，运用R软件进行统计，最终确定了111个高频关键词，其中，出现频率最高的关键词是“产学研合作”，出现了472次。以1999年和2006年为关键节点，探讨1992~1998年、1999~2005年和2006~2018年三个阶段政策热点关键词的演变脉络，探究产学研合作政策的演变规律。

1992~1998年，政府颁布的与产学研相关政策共有29项，提取出22个关键词（出现频数5次及以上）。在这一时期，出现最多的关键词为技术创新、科研院所、科技成果转化、创新能力和产学研合作；创新载体建设也比较受重视，如基地建设；资金投入是政府支持的主要方式。当时，中国技术水平比较低，因此，技术引进、消化吸收也是政策的重点；中介机构、技术市场、国际合作和知识产权保护逐渐进入政策视野，1992~1998年产学研政策热点关键词，见表3-4。

表 3-4　　1992~1998 年产学研政策热点关键词

关键词	频次	关键词	频次	关键词	频次	关键词	频次
技术创新	17	基地建设	13	审批	8	信息服务	6
科研院所	17	技术引进	11	技术市场	7	国际合作	5
科技成果转化	16	消化吸收	11	中介机构	7	新兴产业	5
创新能力	16	人才培养	11	高技术产业	7	知识产权保护	5
产学研合作	16	资金投入	11	项目管理	6		
高等学校	13	信息网络	8	企业技术中心	6		

资料来源：笔者根据 1992~2018 年中华人民共和国教育部官方网站、中华人民共和国科学技术部官方网站、中国法律信息网等网站披露的国家及各部委颁布的 493 项产学研合作政策样本计算整理而得。

3.3.2　产学研合作发展阶段

1999~2005 年，政府颁布的与产学研合作相关的政策共有 58 项，提取 32 个关键词。随着 1996 年《国务院关于“九五”期间深化科学技术体制改革的决定》《中华人民共和国科技成果转化法》等政策、法律的相继颁布，技术创新、创新能力、科研院所、产学研合作仍然是政策热点。在产学研合作中，人才培养受重视程度提升；技术引进渐渐淡出，消化吸收仍被重点关注。除了资金投入外，引入了税收激励政策；知识产权保护、中介机构、国际合作被关注程度提升；技术标准、市场准入和政府采购等新的热点被引入，1999~2005 年产学研政策热点关键词，见表 3-5。

表 3-5　　1999~2005 年产学研政策热点关键词

关键词	频次	关键词	频次	关键词	频次	关键词	频次
技术创新	48	高等学校	20	税收激励	12	技术市场	8
创新能力	35	审批	19	高技术产业	11	技术引进	6
科研院所	35	中介机构	19	企业技术中心	11	政府采购	6
产学研合作	28	资金投入	19	国际合作	11	产业转移	6
人才培养	25	信息服务支持	14	项目管理	10	科技奖励	5
科技成果转化	23	基础设施建设	14	新兴产业	9	政策扶持	5
基地建设	23	技术标准	13	大学科技园	9	资金管理	5
消化吸收	21	知识产权保护	12	市场准入	9	贸易管制	5

资料来源：笔者根据 1992~2018 年中华人民共和国教育部官方网站、中华人民共和国科学技术部官方网站、中国法律信息网等网站披露的国家及各部委颁布的 493 项产学研合作政策样本计算整理而得。

3.3.3 产学研合作深化阶段

2006～2018 年，政府颁布的与产学研相关的政策有 341 项，共提取 47 个关键词（频数为 20 次及以上）。技术创新、科研院所、创新能力、产学研合作仍然是政策热点。创新载体建设重视程度迅速提升，基地建设成为这一时期的热点，人才培养、资金投入关注度提升也很快；政府非常重视科技创新环境建设，公共服务、技术标准、基础设施建设、创新平台成为热点。国际合作热点上升明显。知识产权保护进一步受到重视。2011 年，工业和信息化部颁布的《“十二五”产业技术创新规划》首次提出协同创新概念，技术创新战略联盟和协同创新进入政策视野，很快受到重视。2006～2018 年产学研政策热点关键词，见表 3－6，政府采购也迅速成为政策的重要工具。

表 3－6　2006～2018 年产学研政策热点关键词

关键词	频次	关键词	频次	关键词	频次	关键词	频次
技术创新	329	知识产权保护	131	信息网络	75	金融政策	53
科研院所	303	信息服务	129	研发中心	74	园区建设	40
创新能力	300	技术标准	127	资金管理	71	技术市场	38
基地建设	255	产业转型升级	127	区域发展	68	大学科技园	37
人才培养	242	基础设施建设	113	政府采购	68	服务外包	35
资金投入	177	创新驱动	99	项目管理	67	自主创新示范区	34
科技成果转化	169	审批	98	企业技术中心	62	技术引进	33
新兴产业	169	消化吸收	95	中介机构	60	企业孵化器	32
公共服务	168	创新平台	89	高技术产业	60	科技合作项目	29
产学研合作	161	技术创新战略联盟	82	市场准入	60	贸易管制	26
国际合作	160	税收政策	80	政策扶持	57	科技奖励	22
高等学校	141	协同创新	77	联合培养	55		

资料来源：笔者根据 1992～2018 年中华人民共和国教育部官方网站、中华人民共和国科学技术部官方网站、中国法律信息网等网站披露的国家及各部委颁布的 493 项产学研合作政策样本计算整理而得。

词云又称文本云或标签云，是一种基于词频的文本可视化形式。为凸显产学研合作不同时期国家政策的热点，对每个时期的关键词分别进行降序排列，利用 R 软件进行词云分析，绘制关键词云图。探索期（1992～1998 年）中国产学研合作政策热点关键词云图，见图 3－2；发展期（1999～2005 年）中国产学研合作政策热点关键词云图，见图 3－3；深化期（2006～2018 年）中国产学研合作政策热点关键词云图，见图 3－4。

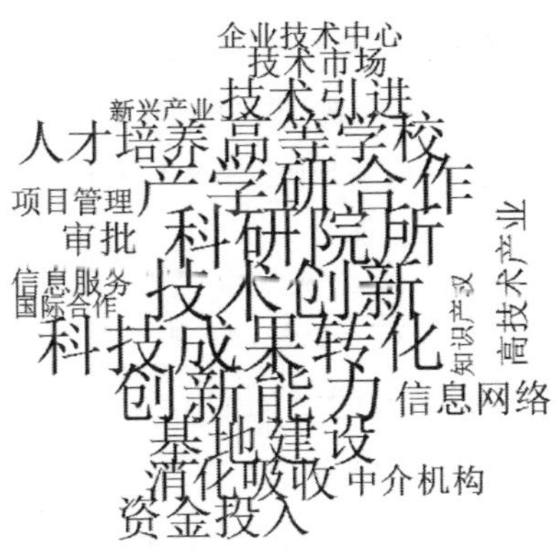

图 3－2 探索期（1992～1998 年）中国产学研合作政策热点关键词云图

资料来源：笔者根据 1992～2018 年中华人民共和国教育部官方网站、中华人民共和国科学技术部官方网站、中国法律信息网等网站披露的国家及各部委颁布的 493 项产学研合作政策样本采用 R 软件计算整理绘制而得。

图 3－3 发展期（1999～2005 年）中国产学研合作政策热点关键词云图

资料来源：笔者根据 1992～2018 年中华人民共和国教育部官方网站、中华人民共和国科学技术部官方网站、中国法律信息网等网站披露的国家及各部委颁布的 493 项产学研合作政策样本采用 R 软件计算整理绘制而得。

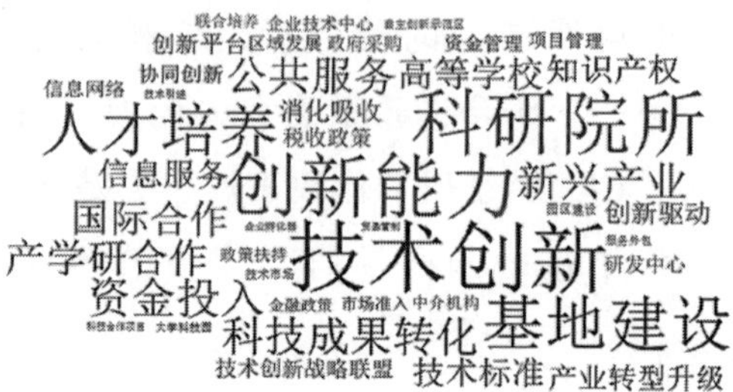

图 3 - 4 深化期（2006 ~ 2018 年）中国产学研合作政策热点关键词云图

资料来源：笔者根据 1992 ~ 2018 年中华人民共和国教育部官方网站、中华人民共和国科学技术部官方网站、中国法律信息网等网站披露的国家及各部委颁布的 493 项产学研合作政策样本采用 R 软件计算整理绘制而得。

结合表 3 - 4、表 3 - 5、表 3 - 6、图 3 - 2、图 3 - 3、图 3 - 4 和图 3 - 5 发现，1992 ~ 2018 年中国产学研合作政策在不同发展时期的政策热点及主题演变脉络可大致总结为以下三点。

（1）从政策关键词看，综合运用了财政、金融、税收、人才等方面的政策。政府继续重视供给型政策。例如，科技人才、科技资金投入、科技基础设施建设等，尤其重视科技基地平台建设；重视营造良好的产学研合作环境型建设，知识产权保护越来越受到重视，金融政策，税收激励，市场准入、技术标准等进入政策重点；需求型政策逐渐被关注和运用，政府采购、贸易管制、服务外包等迅速成为政策重点。

（2）技术创新和创新能力建设始终是强调的主题，但是，在不同时期重点关键词在演变。随着产学研合作项目的不断推进，政策热点也随之发生变化。在产学研合作探索阶段，中国基础资源束缚及经验不足，引进发达国家先进技术和成熟理论成为这一时期的政策热点。随着产学研合作发展、创新能力提升，技术引进的关注度逐步减弱，消化吸收仍然是政策关注的重点。党的十八大报告提出，以全球视野谋划和推动创新，提高原始创新、集成创新和引进消化吸收再创新能力，更加注重协同创新①，技

① 坚定不移沿着中国特色社会主义道路前进 为全面建成小康社会而奋斗——在中国共产党第十八次全国代表大会上的报告［M］. 北京：人民出版社，2012.

术创新战略联盟和协同创新成为政策新的关注点。

（3）逐步形成面向全球的开放式创新体系，国际科技合作越来越受到重视。中国产学研合作政策自1992年至今，逐步形成了内涵丰富的政策体系，不仅涉及大学、企业、科研院所三方主体资源，还包括中介机构、政府、金融机构等诸多利益相关者及对市场环境的规划，如技术标准和技术准入等，形成了全方位的政策体系。国际科技合作成为热点，面向全球的开放式创新体系正逐步形成。

从不同阶段政策核心关键词反映的主题，探寻中国产学研政策目标发展的演变情况，构建了中国产学研合作政策发展路线，见图3－5。

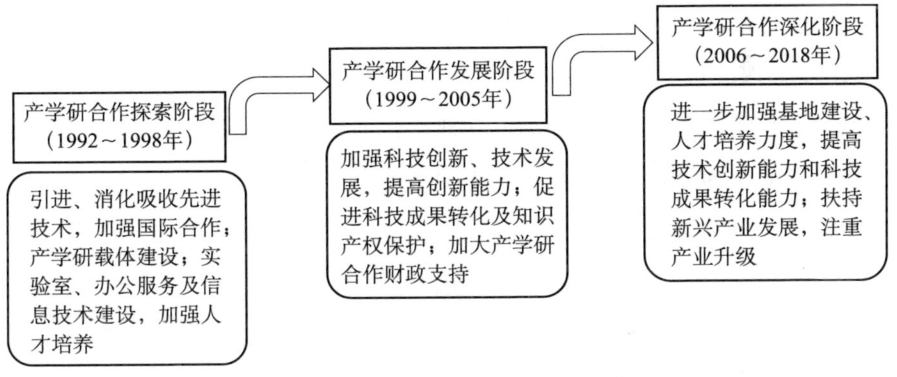

图3－5　中国产学研合作政策发展路线

资料来源：笔者根据1992～2018年中华人民共和国教育部官方网站、中华人民共和国科学技术部官方网站、中国法律信息网等相关网站披露的国家及各部委颁布的493项产学研合作政策样本整理绘制而得。

3.4　结论与启示

本章在文献梳理的基础上，以1992～2018年国家及各部委颁布的493项产学研合作政策为研究样本，通过对政策制定主体、数量、力度、类型等计量分析，挖掘了中国产学研合作政策的基本特征和演变规律；

进一步通过对政策核心关键词的提取，揭示中国产学研合作政策不同发展阶段的主题演变脉络和发展路线图，得出的主要结论有以下几点。

3.4.1 研究结论

（1）中国产学研合作政策的历史发展呈现渐进式增长和阶段式增长的特征。

无论是历年颁布的政策数量还是政策力度，产学研合作政策均保持上升趋势。政策演变轨迹表现出较为明显的阶段性特点，以 1999 年和 2006 年为转折点可划分为三个重要的发展阶段：1992 ~ 1998 年（产学研合作政策探索阶段），1999 ~ 2005 年（产学研合作政策发展阶段），2006 ~ 2018 年（产学研合作政策深化阶段）。在产学研合作政策深化阶段，与产学研合作相关的政策年均 31 项，约为产学研合作政策探索阶段的 7. 49 倍，政策发展阶段的 2. 58 倍。尽管相关政策呈现爆发式增长，但在同一阶段的政策增长表现出渐进式特点。

（2）产学研合作政策制定主体协同逐步提高。

产学研合作比较复杂，需要相关部门协同推进，因此，各部门联合颁布相关政策成为一种趋势，体现了中国产学研政策的部门协同。在国家及各部委颁布的 493 项产学研合作政策中，联合发布的政策为 133 项，占比为 27%，其中，单项政策涉及的机构最多达到 21 个，体现了中国产学研政策各制定主体间的协同度较高，产学研协同创新已经成为科技创新的一个新趋势，也与高霞（2014）、李建（2014）等的观点一致。

（3）政策权威性弱且试探性强。

从政策文本的发布形式和发布类型来看，以明确的法规形式颁布的政策仅有四项，大多数是以通知、意见、办法等行政规范性文件的形式发布的，其权威性相较于法律、法规而言较弱。相当多的政策采取试行或暂行的方式，如《关于推动产业技术创新战略联盟构建与发展的实施办法（试行）》《国家重大科学仪器设备开发专项资金管理办法（试行）》

等，具有一定的试探性。在条件不成熟或经验不足的情况下，采取试验、试行的方式，能有效地避免因判断失误或准备不足而造成的损失，表明中国在产学研合作政策制定方面的创新精神。

（4）政策主题呈现阶段递进性的特点。

从各政策主题的年度分布来看，产学研合作政策开展之初，政策重心主要在基础设施建设和资金投入。随着产学研合作的深化，政策布局和战略调整，将重心转到知识产权保护、技术标准等创新环境建设上。随着产学研合作的进一步深化，国际科技合作、信息服务、政府采购、产学研创新联盟和协同创新成为新的重点。不同发展阶段以不同政策目标作为发展的核心点，体现了中国产学研合作政策的灵活性及循序渐进性。

（5）政策工具组合随着产学研发展而演进。

随着产学研创新的深入和经济发展，三大类政策工具及其组合也发生了一定调整和变化。供给型政策工具逐步向环境型政策工具转变，需求型政策工具也逐渐进入政策体系，但是，总体上，需求型政策的比例还比较低。产学研合作政策工具从政府主导的人才、资金、科研基础设施等的投入转到加强环境建设、法规管制，重视知识产权保护等，同时，采用税收激励、金融支持等工具引导。

从重视科技基础设施建设和科技人才培育为主的政府主导型科技投入的供给型政策工具，到逐步加大税收激励和金融支持等环境型政策工具，体现了政策从创新资源投入主导型转向环境建设型，为产学研合作营造了有序的环境，通过制定法律、法规，规范产学研合作创新，加强知识产权保护力度，为产学研合作创造良好的外部环境。

（6）产学研发展的不同阶段，政策工具各有侧重。

在基础研究阶段，供给型政策工具使用较多，基本上涵盖了人、财、物和信息等创新资源的供给。在应用研究与开发阶段，政策重点营造良好的产学研合作环境建设，法规管制、知识产权工具使用较多，税收激励得到重视，技术采购工具也开始采用。在产业化阶段，环境建设也很重要，因此，法规管制政策工具使用最多，之后是科技基础设施建设，资金支持方式从直接资助转向间接金融支持、提供各种科技服务，科技资金投入工具使用减少。从产学研合作过程看，政府科技投入从基础研究到产业化过程中逐步递减，税收激励和金融支持不断加强，而法律法规的作用在产学研合作过程中逐步递增。

在产学研合作过程中，政策工具结构进行了一定调整和优化。例如，供给型政策工具的科技基础设施建设在产学研合作初期存在使用过溢的现象，随着产学研合作基础条件的逐渐完备，使用频率有所下降。在环境型政策工具中，法律法规也存在使用过溢现象，其整体上呈倒“U”形趋势，后期使用频率也逐步降低。而产学研合作中政府资金支持的政策工具组合，由期初的以科技资金投入为主，逐步加大金融支持力度并加大税收激励，形成了多元化资金支持体系。

3.4.2 建议与对策

为优化中国产学研合作政策及其政策工具，促进产学研合作的发展，提出以下四点建议。

3.4.2.1 制定产学研合作法

虽然中国于1994年成立了产学研联合开发领导协调小组，但并未指定专门部门进行统一管理，只规定了领导协调小组的主要职责，小组内各部门的职责并未明确。应该强化产学研联合开发领导协调小组中科技管理部门的中心地位，明确各部门的职责，加强各相关部门的协同。产学研联合开发领导协调小组应重视相关政策专门化工作，制定符合国情的产学研合作专门性法规。应该加强产学研合作发展目标管理，将目标任务具体化，并及时对绩效进行评估。

通过对产学研合作政策演变脉络的梳理分析可知，中国产学研合作政策大多分散在其他政策、法规中，零散、不系统且政策力度不强，降低了政策的可执行性。因此，应该专门制定针对产学研合作的法规，营造有利于技术成果转化、技术创新和技术转移的法规环境。

3.4.2.2　构建和完善产学研合作的创新机制

推动以企业为主体、市场为导向、产学研相结合的创新体系。企业是科技成果的需求方和转化方，是科技成果转化的主要推动力量，在产学研合作中占据着突出的主体地位。企业要增强生命力和核心竞争力，必须紧跟市场需求和技术前沿，坚持自主创新。同时，需要完善利益分配机制、激励机制、人才流动机制和知识共享机制，构建优势互补、利益共享、风险共担、高效灵活的产学研合作创新机制。建立产学研协同技术创新联盟运行机制，推动产业创新能力。

产学研技术创新联盟是以企业为主体、市场为导向，实现产业创新能力提升的有效载体，以产业技术创新需求为基础，突破产业发展的关键技术、构建共性技术平台、凝聚和培育创新人才、加速技术推广应用和产业化。

3.4.2.3　完善和优化产学研合作政策工具结构

在产学研合作发展初期，国家通过直接供给人、财、物等创新资源促进产学研合作创新，取得了一定成效。发展到一定阶段，政府逐渐重视环境型政策工具的供给，创造了良好的产学研合作创新的外部环境。总体上，中国产学研合作的需求型政策工具还处于初级阶段，未来政府应该优化产学研合作政策工具结构，加大需求型政策工具的供给。

供给型政策工具是产学研合作中使用最广泛的政策工具，在政策制定时相关部门对各项政策工具都有所兼顾，内部结构相对均衡，今后应该在科技信息支持和科技公共服务方面加大政策力度。环境型政策工具致力于构建一个财税、金融、法律法规、知识产权保护等的创新环境，应加大对知识产权的保护力度。需求型政策工具相对不足，一些政策工具只在《国家中长期科学和技术发展规划纲要（2006～2020）》中被提及，配套的政策或者实施细则出台较少。例如，贸易管制工具、海外机构管理等。公共技术采购和政府外包政策工具逐步得到重视，使用频率上升，但数量依然不足。

另外，也要关注各种政策工具之间的平衡和协调，防止单个政策工具使用过溢，如供给型政策工具中的科技基础设施建设、环境型政策工具中的法律、法规等。关注政策工具及其组合的整体效应，关注各种政策工具之间的组合和平衡。

3.4.2.4 优化产学研合作过程中的政策工具组合

在不同的发展阶段，产学研合作活动在生产规模、风险程度和资金需求等方面各有特点，应使用不同的政策工具组合来满足技术创新活动的需求。

在基础研究阶段，研究具有一定公共物品的性质，为了降低科技创新过程中的不确定性，增加创新资源人、财、物和信息的投入显得非常必要。因此，政府应该加大科技投入，以供给层面的政策工具为主，除了加大人力、基础设施和资金投入外，还要加强科技信息支持工具的应用。

应用研究与开发研究是技术的研发阶段和应用阶段，政策的重点应该是创造良好的外部环境，增加税收激励工具的使用，结合科技资金投入，建立产学研合作的多元融资体系。为了稳定市场需求，政府应增加公共技术采购政策和科技信息支持。

产业化阶段是科技成果转化的重要时期，市场竞争日益激烈，风险仍然很高。产业化阶段应该减少科技资金投入的直接支持政策，使用金融支持工具，鼓励社会资本参与产学研合作；同时，为了促进科技成果顺利转化，加大对科技成果转化工具的使用。

第4章　影响产学研合作的主要因素研究

在国家（地区）的创新体系建设与经济发展过程中，大学的中心作用越来越大。许多企业开始主动与大学开展多种形式的合作，利用大学的高新技术推动企业发展。大学和科研院所作为知识创造源，拥有丰富的人才资源和科技成果，是企业创新的资源支持者（牛盼强、谢富纪和董意凤，2010）。在产学合作过程中，合作双方通过交流和探讨，一起解决问题，使企业员工获得直接的先进知识和经验，间接培养了人才（青木昌彦和原山优子，2005）。企业通过技术吸纳获得外部知识和外部技术，成为提升创新能力的关键路径。技术吸纳是技术转移的重要组成部分，是科技成果产业化的重要环节（陆燕春和张瑾瑜，2018）。中国实际科技成果转化率仅为10%，与美国的80%相比差距甚远（任玉岭，2014）。因此，对影响企业选择吸纳大学及科研院所的技术并转化的关键因素进行研究，显得非常必要。

本章基于文献研究，运用技术交易市场吸纳数据，探究多维距离对企业技术吸纳的影响，进一步考察了行业类型、企业规模和企业性质等因素对多维距离与企业技术吸纳关系的影响，揭示产学研合作中大学技术转移或科研院所技术转移的主要影响因素及影响机理。本章的研究将丰富产学研合作的研究成果，并为政府制定科技政策提供决策参考。

4.1 文献研究

中外文文献从不同角度，如投入、人才、技术、科技中介服务、政策、体制、机制和经济环境等方面研究了大学技术转移的影响因素。主要的观点如下。

4.1.1 从技术转移主体视角

沙拉夫（Saraf，2014）研究了技术转移的技术成果、技术提供方、技术接受方三大基本要素。韩和李（Han and Lee，2013）认为，技术转移的影响因素有输出方（文化距离、关系类型、技术转移）和接收方（吸收能力）两方面。王永梅、王峥和张黎（2014）基于技术供给方，研究技术转移绩效的影响因素，通过实证研究发现，影响科研院所技术转移的因素有三个：一是人员因素，包括科研人员的激励措施和技术转移专业人员能力；二是管理因素，包括科研院所在利益分配和成果评估方面的管理措施；三是平台因素，包括信息沟通渠道、专项经费支持、政策执行环境和协同创新能力。达格马拉（Dagmara，2015）认为，大学技术转让办公室（The Technology Transfer Office，TTO）在促进科研成果转化方面需要很多能力，包括以关系为中心、以交易为中心的技术转移能力。比格利亚迪（Bigliardi，2015）从资源、组织保证及奖励系统等方面，研究了技术转移的内部影响因素。许云、刘云和贺艳（2017）指出，大学科研院所技术成熟度高、企业技术吸纳能力强、企业产业链条长，股权激励到位、技术信息公开度高，技术转移效果就好。

4.1.2 从技术转移环境视角

科利瓦斯（Colyvas，2007）研究了1968～1982年美国斯坦福大学生命科学领域技术转移数据并建立模型，认为弹性制度化政策具有重要意义。赛达特斯（Sedaitis，2000）提出，影响技术转移的因素有政策因素、市场因素和组织形式等。古兰加（Gouranga，2011）通过建立一般均衡模型对环境政策的研究发现，区域宏观管理水平、人力资源水平以及产业结构等对技术成果转化率有重要影响。朱宁宁和王溦溦（2011）分析了技术转移的市场因素、技术因素、资金因素、政策因素和非技术因素。柳卸林等（2012）指出，人、技术、资金、市场四种要素非线性耦合并动态匹配。霍耶和普利斯（Hoye and Pries，2009）指出，信息交流是影响技术转移的重要因素。戈文达拉朱等（Govindaraju et al. ，2009）指出，合作、市场以及知识产权影响大学的技术转移。桑托罗等（Santoro et al. ，2000）指出，信用、地理位置、大学灵活的知识产权、专利和许可政策等，是影响技术转移行为的重要因素。范柏乃和余钧（2013）研究了科技投入、人员投入、地区经济发展水平、政府资金投入对技术转移的影响。王华统、曹光源和郭韧（2003）分析了企业领导、管理水平、工业化成熟程度等企业内部因素，以及资金、科技成果的先进性及替代品等企业外部因素、科技成果因素、社会的科技因素和环境因素对技术转移的影响。刘家树和管利荣（2010）运用 Tobit 方法，回归分析了政府资金支持、新产品开发经费、科技服务和区域因素。杨龙志和刘霞（2014）构建了技术转移驱动因素分析框架，包括需求、供给、能力、竞争等多维度。

4.1.3　从技术转移距离视角

博希马等（Boschma et al. ，2005）指出，主体间的邻近性是知识流动的基础，地理、认知、组织、社会、制度的邻近性有利于主体间交流、共享、学习，从而促进显性知识和隐性知识的扩散。地理、技术、认知、关系邻近，影响合作中的沟通协商和技术获取（Geldes et al. ，2015）。弗伦肯等（Frenken et al. ，2015）认可地缘影响，同时，提出知识获取靠认知层面的促进，而整合资源靠组织层面的促进。袁靖宇（2002）从技术差距、经济引力、中介等方面，研究技术转移微观运行。阿布鲁等(Abreu et al.，2004）对技术扩散的空间尺度进行了界定，着重从微观层面分析高新技术企业空间邻近性对技术扩散的重要性。曹威麟和谭敏(2012）从技术特性（隐含性、复杂性）、区域特性（转移意愿、技术吸收能力、技术转移体制机制）、关系网络（关系种类、关系网络的结构及地址）、地区双边关系（技术差距、技术—产业耦合度）四个方面分析了跨区域技术转移的影响。夏丽娟等（2017）研究了企业和大学之间的地理、制度与技术邻近对产学协同创新绩效的影响。许云、刘云和贺艳(2017）指出，地理距离、经济距离、技术距离、政策距离对北京市的大学及科研院所技术输出绩效有明显的作用。张洁瑶（2018）从地理邻近性和认知邻近性两项结构特征视角，研究邻近性对构建创业企业协同创新关系的影响。罗泽萍（2012）发现，人均资本、技术差距有利于区域间技术转移。魏江（1997）从技术水平差异、技术运用能力差异两个维度，定性分析了技术转移的动因。侯健敏和党兴华（2010）提出，技术转移的成功，取决于技术供应商、技术接收方、被转移的技术因素、技术差距、技术转移形式等，产业差异对技术转移成功有重要的影响（Duarte，2015）。

一些中文文献基于技术交易数据对技术转移进行了研究。黄西川(2010）利用南京市的技术市场交易数据研究发现，技术买卖双方的距离和买方的经济实力两个因素对技术转移有较大的影响。冯锋、司尚奇和李徐伟（2009）基于1996～2007年的技术转移数据，运用系列统计方法对中国跨省（区、市）技术转移差异性进行了分析，发现北京市和上海市跨省（区、市）技术转移以技术输出为主导，青海省等跨省（区、市）技术转移最不活跃。北京市技术合同主要是技术服务，占比为74.9%，技术开发占比为21.8%，而技术咨询和技术转让只占技术合同总量的3.3%，技术转让、技术所有权的转移所占比例较小，说明北京市成熟的技术数量不多，硬技术的转移、转化相应占比较少（许云，2016）。技术转移还有区域特征。李敏、陈凤珍和王元地（2016）以2008～2012年中国城市间技术交易数据为基础，利用社会网络分析方法，对大学和企业两个不同的技术转移主体形成的城市技术转移网络进行对比研究发现，不同技术转移主体对城市的要素禀赋特征的要求不同。从技术输出度和技术输入度来看，企业技术转移网络中各城市的技术输出度普遍领先于大学技术转移网络，反映了中国大学技术转化率低。杨龙志和刘霞（2014）研究发现，中国省际技术转移呈现“强者愈强、弱者愈弱”的马太效应特征。还有研究发现，东部发达地区经济实力雄厚，产业链条发达，资源集中度高，企业家市场敏感度高，市场反应快，专业人才积累较多，项目管理、过程管理经验丰富，地方政府对技术转移的参与度高、意愿强烈，技术转移、技术转化的条件比中西部地区相对成熟，技术转移转化效果较好（许云，2016）。

中外文文献关注技术转移的影响因素。地理位置、经济发展水平、市场环境等因素影响技术转移（Petruzzelli，2011；Lin et al.，2015；李敏、陈凤珍和王元地，2016）；资源也是影响技术转移的重要因素，包括研发（R&D）经费和人员投入、合作经验、技术能力等（余元春、顾新和陈一君，2017；Petruzzelli，2011；Chang，2017）。部分文献从企业规模、所有权结构等检验企业异质性在技术转移中的作用（Lin et al.，2015；姚潇颖、卫平和李健，2017）。也有文献关注技术转移影响因素中的主体邻近性，又称距离（Cummings and Teng，2003），包括地理距离、经济距离、技术距离、社会距离、制度距离和组织距离等。从现有文献看，较多关注区域技术输出影响分析，而基于企业技术吸纳视角，对技术转移影响因素的研究较少。与技术输出相比，技术吸纳对提升企业创新能力、促进区域经济发展更为重要。同时，技术吸纳与行业类型、企业规模和企业性质等异质性相关。

本章基于文献研究，运用技术交易市场吸纳数据，选取地理、经济、技术和社会四个维度，探究多维距离对企业技术吸纳的影响，进一步考察了行业类型、企业规模和企业性质等因素对多维距离与企业技术吸纳关系的影响，揭示了产学研合作中大学或科研院所技术转移的主要影响因素及影响机理。本章研究将丰富产学研合作的研究成果，并为政府制定科技政策提供决策参考。

4.2 理论分析与假设提出

4.2.1 地理距离与企业技术吸纳

地理距离是影响科技知识转移的一个重要因素。较多理论研究和实证研究关注地理距离对技术转移的影响，但尚未取得一致结论，研究的主要结论有以下两点。

4.2.1.1 地理距离不利于技术转移

洪（Hong，2008）对 1985 ~ 2004 年中国校企合作专利数据分析发现，校企间的知识流动更倾向于本地化。地理上的邻近便于隐性知识传播，使合作更加顺利（Griffith et al.，2009）。即使技术扩散辐射半径有限（许治、焦秀焕和朱桂龙，2013），但地理集聚的知识溢出、基础设施共享和信息外部性等优势，促进了技术交流合作（Majidpour，2017）。刘志迎和单洁含（2013）以中国企业和大学为研究对象，运用负二项式回归模型分析发现，地理距离对大学—企业协同创新绩效具有显著的抑制作用。王菁（2011）采用面板数据的方法检验了地理距离对区域间技术溢出的影响，研究发现，地理距离对省域间技术溢出的吸收具有阻碍作用。尹西明、王毅和陈劲（2017）基于大学专利许可数据，利用社会网络分析法对全国范围内大学的知识转移进行研究发现，省（区、市）内知识转移许可是主流，跨省（区、市）知识转移许可关系较为脆弱，且存在小世界效应，专利许可时空分布不均衡。向希尧和蔡虹（2008）从专利引用数据研究视角，研究了地理距离与社会距离对于知识溢出的影响，研究结果发现，地理距离和社会距离相互作用，共同对知识溢出产生影响，而地理距离主要强调自然因素对于信息沟通产生干扰。

4.2.1.2　地理距离对技术转移的影响正在逐渐弱化，甚至消失

企业开始寻求跨区域的异质知识，与较远的外部区域合作（Knoben，2009）。技术转移既表现出“近水楼台先得月”的地理邻近特征，又呈现出“舍近求远”的跳跃现象（刘承良、管明明和段德忠，2018）。还有研究发现，不同区域距离对科技成果转化的影响不同。例如，马晓雅等（2019）基于 2016 年北京市、江苏省、陕西省的大学专利权转移数据，运用社会网络分析和多元回归模型，探索不同区域大学科技成果转化的网络结构和影响因素，结果发现，北京市和江苏省在进行专利权转移活动时，并无明显趋向于在地理位置偏近的地域或偏远的地域进行专利技术转移，而陕西省的大学在专利权转移方面受到地理因素的影响。

笔者认为，一是虽然地理邻近性具有低成本、方便沟通与信息传递等优势，但是，容易引起资源同质化，从长期来看，会抑制企业创新活力，造成地理锁定；二是地理距离形成的弱联系反而扩大了企业寻求技术资源的范围，能更好地获取异质性知识，有利于拓展新研究领域（许云、刘云和贺艳，2017）；三是信息通信技术的发展削弱了地理的限制作用，知识交流可在远距离的虚拟空间内进行，“面对面”的交流可以被替代。因此，提出以下假设。

假设 4－1：地理距离对企业吸纳大学技术和科研院所技术有正向影响。

4.2.2　经济距离与企业技术吸纳

相关研究表明，企业与大学和科研院所所在区域的经济发展水平会对技术转移产生一定影响。经济发展好的地区拥有较强的技术创新能力，依靠自主研发可以满足市场需求，因而技术吸纳少、溢出多。位于国内生产总值（gross domestic production，GDP）水平较高地区的大学在技术转移方面效率更高，技术转移具有区域溢出效应（Chapple et al.，2005）。

并且，发达地区的技术输出均远高于落后地区，表现出绝对中心地位（李敏、陈凤珍和王元地，2016）。另外，经济发达意味着拥有更高的购买能力，更容易从其他地区吸纳技术。正如陆燕春和张瑾瑜（2018）研究发现，东部省市的技术吸纳相对高效，主要受益于东部经济发展水平高的区位优势，指出资金问题是科技成果的转让方和受让方都面临的一个大问题。科技成果的推广阶段和转化阶段一直缺乏有力的资金支持，降低了大学科研人员的研发积极性，制约了科技成果产出（潘谷平和章滢，2001）。经济发达地区资金相对充裕，相比于经济不发达地区更有利于产学研合作及科技成果转化。

基于技术吸纳方视角，本章认为，虽然经济发展水平高促进地区企业的技术吸纳，但经济水平差距导致人才、资金和技术等资源的差距，更会阻碍吸纳技术与自身技术的充分融合。因此，提出以下假设。

假设 4-2：经济距离对企业吸纳大学技术和科研院所技术有负向影响。

4.2.3 技术距离与企业技术吸纳

大学知识技术的转移过程，包括技术知识态和技术嵌入态两个过程。大学技术转移同时包含技术知识态的展现与转化以及技术嵌入态的剥离与重构的双重过程（章琰，2004）。技术距离对成果转化的影响研究结论不一致，主要有三种。

（1）技术距离促进技术转移。企业与大学、科研院所间的知识水平差异或技术水平差异产生的“知识位势”促进技术转移（牛盼强、谢富纪和董意凤，2010），技术水平差距和优势技术领域的不同，是区域间技术转移的主要动因（刘凤朝和马荣康，2013）。合作双方的认知差距大能够促进新思想的产生，有利于创新成功（Wuyts et al.，2005）。

（2）技术距离抑制技术转移。技术吸纳与企业吸收能力、消化能力和应用能力密切相关。技术距离越大，与自身要素的匹配性越差，知识溢出效应越小（周华和韩伯棠，2009）。寇胜利和焦光纯（2007）指出，大学科研成果与实际应用之间存在较大差距。大学有些科研成果中的技术诀窍、经验、技能等隐性知识不具有编码等特征，很难以专利技术、设计图纸或关键设备等形式进行转移，而只能依赖于技术持有人与技术一同转移，这往往造成转移成本很高，企业无法接受，影响了大学知识向企业转移的过程。大学转移的对象是技术，而技术又具有不确定性、复杂性、隐含性等特征，因此，技术的特征不同会影响技术的转移模式。低技术的转移难度小，高技术的转移难度大，而且，技术越高，需要高校参与的技术转移过程越长，技术转移难度就越大（孙丽文、李娜和刘伟，2008）。

（3）技术距离与技术转移呈倒“U”形关系。技术距离太小，双方技术相似性高，会减弱合作交流意愿；技术距离过大，技术接受方消化能力、吸收能力不足，也会妨碍转移效果（Guan and Yan，2016）。

综上所述，企业与大学和科研院所的技术差距形成的技术距离，更能促进技术流动。因此，提出以下假设。

假设 4－3：技术距离对企业吸纳大学技术和科研院所技术有正向影响。

4.2.4　社会距离与企业技术吸纳

组织间存在社会嵌入关系，即具有社会邻近性，可以减少组织合作的不确定性，促进学习、开放和交流（Boschma，2005）。冯博和刘佳（2007）通过对大学科研团队成员在团队中所处的网络位置与其知识共享行为的关系研究发现，知识共享行为受到职务、友谊关系网络等的正向影响，而受到科研工作负荷性的负向影响。龚玉环和王大洲（2005）认为，人际交流在大学技术转移中起着非常关键的作用。科学家与产业界建立起来的私人网络关系，有助于技术转移。吴国狄（2015）运用社会网络分析法，研究大学科研团队知识共享的情况，并提出相应对策，以提升大学科研论坛知识共享。王嵩、王刊良和田军（2009）利用社会网络分析，研究影响科研团队隐性知识共享的结构性要素发现，团队人际关系互动影响技术转移。游静等（2016）指出，创新主体间的社会关系紧密程度会对资源的整合过程与互补过程带来直接影响。该文献以物理距离和心理距离为基础，对创新主体间的社会关系紧密程度进行度量，研究得出，缩小物理距离有助于形成地缘性聚集，缩小心理距离有助于强化沟通协调、建立战略合作伙伴关系。物理距离的缩小或心理距离的缩小，都有助于提高协同创新主体间的社会关系紧密程度，提升紧密程度能够促进协同成效。

许多研究证实，交易双方已有过合作能增强信任，达到缩减社会距离的作用，因此，已有过合作的组织进行未来合作的可能性会明显提高（Bercovitz and Feldman，2011）。随着信息与通信技术的发展，行为主体倾向于选择与其自身社会邻近的合作者，且社会邻近在选择中可作为地理邻近的补充（吕国庆、曾刚和顾娜娜，2014）。

综上所述，合作经验将是一种有价值的资源，可以拉近企业与大学和科研院所的社会距离，有利于促进产学研合作。同时，通过合作形成的良好社会关系建立的信任，促进校企间的隐性知识转移，可以降低交易的不确定性和风险性，形成“合作—信任—再合作”的良性循环。因此，提出以下假设。

假设4－4：社会距离对企业吸纳大学技术和科研院所技术有负向影响。

4.2.5 企业异质特征与距离因素作用效果

企业所属行业不同，外部竞争程度与技术交流方式也存在差异。在交通便利和信息化的交互作用下，电子信息行业跨区域技术转移越来越多，发展不再受地理距离的制约（徐德英和韩伯棠，2015）。但是，企业技术吸纳能力与地区经济水平密切相关，发达的地区经济可以为其承接技术转移提供资本保障（胡书金、陈正其和刘濛，2018）。生物医药行业研发时较多依赖当地的生物资源，不同地区的资源禀赋差异会影响产学研合作的可能性。

一般来说，规模大的企业的资金、人力、知识等资源储备充足，可以开展研发活动并解决出现的技术问题。而规模较小的企业技术人才有限、先进基础设施不完备等，难以独立实现技术突破，会优先选择技术吸纳或是建立合作研发关系来摆脱技术困境，寻找核心技术。但是，规模较大的企业拥有更规范、更复杂的操作流程以及更严格的风险控制，在选择技术吸纳时更倾向于有过合作的熟悉对象，以降低风险。

高新技术企业拥有更多、更高端的技术资源。与高新技术企业不同，非高新技术企业处于技术劣势，因此，更迫切地需要吸纳大学、科研院所的知识与技术实现技术提升。因此，提出以下假设。

假设 4 – 5a：在不同行业中，多维距离对企业技术吸纳的作用效果存在差异。

假设 4 – 5b：在不同企业规模下，多维距离对企业技术吸纳的作用效果存在差异。

假设 4 – 5c：在不同企业性质下，多维距离对企业技术吸纳的作用效果存在差异。

4.3　研究设计

4.3.1　样本选择与研究方法

采用浙江省杭州市 2017 年技术交易市场技术吸纳合同的成交数据，选取技术吸纳合同成交量最大的两个行业：电子信息行业和生物医药行业，剔除与研究行业无关、交易明显有偏差及数据缺失的样本，得到 352 个样本。首先，使用皮尔森（Pearson）相关分析法判断各变量间的关系；

其次，对自变量进行多重共线性检验；最后，利用回归法分析多维距离对企业吸纳大学技术和科研院所技术的影响及异质性对于距离因素与吸纳技术关系的影响。所有自变量均采用滞后 1 年的数据，对相关数据进行对数化处理。

4.3.2 变量说明及数据说明

4.3.2.1 因变量

技术市场是技术交易的一个重要渠道，技术市场合同可以直接衡量技术转移（许云、刘云和贺艳，2017）。本章以企业为技术吸纳方，大学和科研院所为技术输出方计算的 2017 年浙江省杭州市技术合同的成交额为因变量（Y）。

4.3.2.2 自变量与控制变量

数据来源于百度地图、各省（区、市）的统计年鉴、国家知识产权局专利数据库（SIPO），具体测量方式如下。

（1）地理距离：采用广泛认同的两地间球面距离（即球面两点间的劣弧长度）表示，测量公式：$DIS\_GEO = 6\ 371 arcos[\sin(lati)\sin(latj) + \cos(lati)\cos(latj)\cos(|longi - longj|)]$，其中，i 为杭州市企业所在地，j 为大学或科研院所所在地，lat 为纬度，long 为经度。

（2）经济距离：采用技术双方所在城市人均 GDP 衡量，计算公式：$DIS\_ECO = GDPj/GDPi$。

（3）技术距离：根据专利申请授权数计算技术输出方大学或科研院所 j 与企业 i 的技术水平差距，计算公式：$DIS\_TEC = PATj/PATi$。

（4）社会距离：根据企业与大学或科研院所是否已有过合作来衡量，记为 DIS_SOC，若双方之前有过合作申请专利，为 0；无合作，为 1。

（5）控制变量：选取企业存续年限（age）、行业类型（ind）、企业规模（size）、企业性质（type）作为控制变量，其中，企业存续年限划分为 5 年以内、6 ~ 10 年、11 ~ 15 年、15 年以上，分别用 1 ~ 4 表示。电子信息行业和生物医药行业分别用 1 和 2 表示。企业规模分为：100 人以内、101 ~500 人、501 ~1 000 人、1 000 人以上，分别用 1 ~4 表示。将 1 ~2 归为规模较小组，3 ~4 归为规模较大组。企业性质采用是否为高新技术企业，是高新技术企业，为 1；非高新技术企业，为 0。

4.4 实证分析

采用 SPSS 22.0 软件对各变量进行了相关性分析。从 Pearson 系数来看，经济距离、社会距离与企业技术吸纳呈现显著负相关关系，而技术距离与企业技术吸纳呈现显著正相关关系，地理距离与企业技术吸纳存在不显著的正相关关系，变量描述性统计及相关系数矩阵，见表 4 -1。

表 4 -1　　变量描述性统计及相关系数矩阵

变量	DIS_GEO	DIS_ECO	DIS_TEC	DIS_SOC	age	ind	size	type	Y
DIS_GEO	1.000								
DIS_ECO	0.125 **	1.000							
DIS_TEC	-0.678 ***	-0.097 *	1.000						
DIS_SOC	-0.114 **	-0.006	0.017	1.000					
age	0.111 **	0.054	-0.121 **	-0.215 ***	1.000				
ind	-0.245 ***	0.043	0.115 **	0.004	-0.101 *	1.000			
size	0.223 ***	-0.050	-0.187 ***	-0.373 ***	0.545 ***	-0.161 ***	1.000		
type	0.024	0.037	-0.068	-0.103 *	0.499 ***	-0.140 ***	0.490 ***	1.000	
Y	0.042	-0.135 **	0.200 ***	-0.224 ***	0.024	-0.323 ***	0.129 **	0.063	1.000
均值	3.150	1.009	0.889	0.938	2.474	1.509	1.727	0.315	2.523
标准差	1.988	0.239	0.257	0.242	1.181	0.501	1.104	0.465	1.342

注：***、**、* 分别表示在 1%、5% 和 10% 的水平上显著。

资料来源：笔者根据百度地图、各省（区、市）统计年鉴、国家知识产权局专利数据库采用 SPSS 22.0 软件计算整理而得。

进一步回归分析。浙江省杭州市企业技术吸纳影响因素的分组回归结果，见表 4 -2。表 4 -2 中的模型 1 是不加入解释变量时，控制变量对因变量的回归。表4－2中的模型2，是各距离因素对企业技术吸纳的回归结果，从 R^2 看，比模型1增加，说明在回归模型中增加的四个变量提高了模型的解释力。回归结果显示，地理距离、经济距离、技术距离和社会距离均在1%水平上显著，说明各距离因素对企业吸纳大学技术、科研院所技术均存在显著影响，其中，地理距离和技术距离对企业技术吸纳有正向的影响，经济距离和社会距离对企业技术吸纳有负向的影响。企业与大学和科研院所的技术水平差异包含更多异质性知识，可以促进企业的创新发展。随着交通技术、信息技术的发展，技术转移突破地理距离的阻碍作用，企业与距离较远的大学和科研院所也产生了技术交流。但是，社会距离所带来的陌生感，会减弱企业对大学技术和科研院所技术的吸纳意愿。同样，当经济水平差距越大，企业对大学和科研院所的技术吸纳可能越会出现协调问题。从各距离因素的系数可以发现，技术距离影响最大，地理距离、社会距离、经济距离对企业技术吸纳的影响依次递减。假设4－1、假设4－2、假设4－3和假设4－4得到验证，见表4－2。

从表4－2中的模型3和模型4可以看出，在电子信息行业，技术距离也是影响企业技术吸纳的关键因素，社会距离次之，经济距离随后，地理距离不显著。而在生物医药行业，技术距离同样是影响企业技术吸纳的关键因素，地理距离次之，社会距离随后，经济距离不显著。可能是生物医药行业需要丰富的生物资源储备，对距离比较敏感，而对经济发展要求较低一些。

从表4－2中的模型5和模型6可以看出，对规模较小企业，四个因素都显著影响企业技术吸纳，其中，技术距离影响最大，随后依次是地理距离、社会距离和经济距离。对规模较大企业，只有社会距离有显著影响。可能是规模较小企业科技人员、研发资金和技术设备等欠缺导致创新能力不足，会更需要技术吸纳来不断发展，而规模较大企业创新能力较强，企业更倾向于自主研发，因此，技术吸纳需求较少。而且，规模较大企业的风险控制能力较强，对已有过合作的大学和科研院所的熟悉度可以降低合作风险，因此，更会吸纳其技术。

表 4 – 2　　浙江省杭州市企业技术吸纳影响因素的分组回归结果

变量	整体		所属行业		企业规模		企业性质	
	模型 1	模型 2	电子信息行业 模型 3	生物医药行业 模型 4	规模较小企业 模型 5	规模较大企业 模型 6	高新技术企业 模型 7	非高新技术企业 模型 8
DIS_GEO		0.205*** (3.050)	−0.071 (−0.620)	0.361*** (4.189)	0.197*** (2.841)	−0.036 (−0.150)	−0.074 (−0.507)	0.267*** (3.405)
DIS_ECO		−0.109** (−2.283)	−0.201*** (−2.768)	−0.042 (−0.590)	−0.108** (−2.012)	−0.177 (−1.564)	−0.170* (−1.879)	−0.086 (−1.513)
DIS_TEC		0.369*** (5.706)	0.242** (2.200)	0.438*** (5.093)	0.376*** (5.599)	0.063 (0.280)	0.093 (0.647)	0.417*** (5.746)
DIS_SOC		−0.201*** (−3.928)	−0.218*** (−2.768)	−0.291*** (−3.572)	−0.154*** (−2.843)	−0.376*** (−3.287)	−0.382*** (−3.961)	−0.111* (−1.718)
age	−0.071 (−1.111)	−0.061 (−1.029)	−0.113 (−1.365)	−0.033 (−0.337)	−0.058 (−0.950)	−0.083 (−0.698)	−0.103 (−1.082)	−0.064 (−0.930)
ind	−0.312*** (−6.072)	−0.305*** (−6.175)			−0.298*** (−5.434)	−0.281** (−2.158)	−0.354*** (−3.618)	−0.278*** (−4.604)
size	0.120* (1.886)	0.039 (0.616)	0.103 (1.129)	0.003 (0.033)			−0.009 (−0.096)	0.059 (0.767)
type	−0.004 (−0.071)	0.034 (0.597)	−0.005 (−0.063)	−0.015 (−0.146)	0.058 (0.933)	−0.082 (−0.655)		
常数	3.734*** (13.408)	3.329*** (4.909)	3.989*** (5.138)	1.085 (1.097)	3.485*** (4.118)	5.596*** (5.319)	6.049*** (5.420)	2.262** (2.547)
R^2	0.114	0.246	0.168	0.216	0.250	0.253	0.267	0.259
调后 R^2	0.104	0.229	0.132	0.184	0.231	0.173	0.217	0.236
F 值	11.183***	14.015***	4.748***	6.732***	12.930***	3.147***	5.359***	11.619***

注：***、**、* 分别表示在 1%、5% 和 10% 的水平上显著，表中的回归系数为标准系数，括号内为 t 值。所有自变量的容忍度均高于 0.20，VIF 小于 5，通过多重共线性检验。

资料来源：笔者根据百度地图、各省（区、市）统计年鉴、中国知识产权局专利数据库采用 SPSS 22.0 软件计算整理而得。

从表4－2中的模型7和模型8可以看出，对于高新技术企业，社会距离和经济距离影响企业吸纳大学技术和科研院所技术，可能是高新技术企业技术实力较强，一般开展自主研发，技术距离对企业技术吸纳没有显著作用。对非高新技术企业，创新能力相对不足，技术距离是影响企业技术吸纳的关键因素，之后是地理距离和社会距离。假设4－5a、假设4－5b和假设4－5c得到验证，见表4－2。

4.5 结论与政策建议

4.5.1 结论

利用浙江省杭州市企业对大学技术、科研院所的技术吸纳数据，实证研究了地理距离、经济距离、技术距离和社会距离四个维度对企业吸纳大学技术和科研院所技术的影响，分析了异质性对各距离因素与技术吸纳关系的影响。主要研究结论有以下三点。

（1）地理距离、经济距离、技术距离和社会距离均显著地影响了企业吸纳大学技术和科研院所的技术，其中，技术距离影响最大，即企业与大学技术、科研院所的技术差距越大，越有利于企业吸纳技术，促进技术转移。之后，是地理距离、社会距离和经济距离，企业倾向于吸纳远距离的大学技术和科研院所技术；倾向于吸纳已有过合作的大学技术和科研院所技术；也倾向于吸纳经济发展水平相近地区的大学技术和科研院所的技术。

（2）对规模较小企业，可能创新能力较弱，技术距离对其技术吸纳影响最大；而规模较大企业创新能力较强，有较好的风险控制能力，社会距离对企业技术吸纳影响最大，即企业更倾向于吸纳有合作经历的大学技术和科研院所技术。

（3）技术差距对非高新技术企业技术吸纳影响最大，以期通过吸收先进技术实现突破，而高新技术企业社会距离对技术吸纳影响最大。

4.5.2 政策建议

基于研究结论，为促进企业对大学技术和科研院所技术的吸纳，提高科技成果转化，政府应该：第一，加强培育一批研发能力强的大学和科研院所，充分发挥技术研发优势，为企业提供充足的技术来源；第二，利用“互联网 + 大数据”的信息化成果，完善技术交流、资源共享平台的搭建，并建立全国技术成果信息库，为企业创造优越的环境和渠道寻找合适的技术；第三，考虑异质性因素，对规模较小企业及非高新技术企业的技术吸纳提供更多研发补助和税收激励政策，鼓励其在技术引进的同时研发核心技术。

第5章 产学研合作政策与创造绩效——基于创新链视角

为了促进产学研合作，各国政府都制定了相关的产学研政策。在产学研合作的相关主体中，大学作为知识的供应方，是知识创新和知识转化的重要源泉。本章在对国家、各部委及30个省（区、市）产学研政策量化测量的基础上，以大学知识创新链为视角，考察产学研合作政策对大学知识创造的影响作用。运用2000～2013年中国的30个省（区、市）[①] 的大学面板数据，分别以研发经费投入（产学合作经费、政学合作经费）、知识产出（论文、专利）和科技成果转让收入等指标为变量，检验产学研政策力度在科研投入、知识创造和知识转化链不同环节中的作用，而且考虑政策的滞后效应，进一步分析产学研合作政策对产学合作和政学合作互动关系的门槛效应。研究发现，产学研政策力度对大学的产学研合作经费投入、知识创造和成果转化有显著的正向影响，产学研合作政策对大学专利产出的影响呈倒“U”形，但是，对论文产出没有拐点。产学研合作政策对大学专利转让收入呈倒“U”形。政学合作经费、专利产出对大学成果转化有显著的正向作用。对以产学合作为主要科研活动的大学，产学研政策对政学合作与产学合作的影响存在门槛效应。

① 由于数据可得性，中国的30个省（区、市）的数据未包括中国港澳台地区的数据和中国西藏自治区的数据，本书余同。

5.1 研究背景

产学研合作创新是一个组织吸收外部知识，增强创新能力的有效方式。大学研究以及与之相关的产学研合作，对于一个国家创新体系的贡献是显而易见的（Spencer，2003）。在美国，产学研合作被广泛视为过去 30 年成功创新和成长的贡献者之一（Hall，2004）。在促进产学研合作、推动知识创新的过程中，产学研合作政策扮演着十分重要的角色。产学研合作政策是政府干预产学研合作的重要手段，能够促进学研方的创新能力和创新资源向产业方聚集（Ács et al.，2014）。

1992 年，“产学研联合开发工程”启动；随后，陆续制定了一系列促进产学研协同创新的政策。产学研合作政策一直是中国科学技术政策的重要组成部分。产学研合作政策是政府为了促进产学研合作发展而制定的各种法律法规和政策的总和，体现了一个国家对产学研合作的态度、方向和重视程度（宋健和陈士俊，2008）。1990 ~ 2010 年，我国中央政府出台的产学研合作政策达 169 项（李世超等，2011）。

相关文献普遍关注企业的产学研合作创新产出，对大学产学研合作与知识创新的研究相对较少。现有的围绕产学研政策与大学知识创新的主要研究观点有：（1）产学研政策促进产学研合作和知识创新与知识转化。经济合作与发展组织（1997）报告指出，在政府资助政策引导下，产学研合作可以在一定程度上纠正知识溢出所导致的创新市场外部性问题。盖斯勒（1997）指出，在产学研合作中，政府应该充当产业、大学和科研院所间的引导者、中间人与协调者的角色。政府通过公共计划、科技与教育、财政与税收、法律法规等，影响产学合作的需求和模式（Shyu et al.，2001）。产学研合作政策支撑体系的构建，有助于推进产学研合作政策的规范化、全面化和系统化，促进产学研合作发展，最终实现产业技术升级和竞争力提升（胡仁杰等，2013）。布林布尔（Brimble，2007）对泰国国家层面的产业研究发现，高科技行业（如生物医药）产学研成果转化率较高，纺织行业未能得到政府研发补贴而导致合作成效不明显。（2）产学研政策对大学知识创新促进效果还不确定。有文献研究发现，20 世纪 80 年代实施产学研政策后，虽然大学专利申请数急剧上升，但是，比较大学和公司的专利引文发现，大学知识扩散溢出反而下降，如生物技术产业和制药产业。因此，产学研合作的社会福利是不确定的（Henderson et al.，1998；Rosell and Agrawal，2009）。原长弘和孙会娟（2013）研究发现，中国企业对大学的研发经费资助可以促进大学人均专利申请量的增加，但是，并不能促进大学人均论文产出。

产学研合作相关政策与大学知识创新的关系如何？随着产学研合作政策力度提升，产学研合作的深入开展，产学研合作政策激励大学知识创新的效果如何？产学研合作政策促进大学创新能力提升是线性的，还是曲线的？不同来源的产学研合作资金对大学知识创新的作用是否存在差异？产学研合作政策力度是不是越大越好？产学研合作政策对产学研发模式和政学研发模式之间的促进作用是否存在门槛效应？这些都是非常值得研究的问题。

产学研协同创新过程是企业、大学和科研院所之间知识流动的过程（涂振洲和顾新，2013；吴悦和顾新，2012）。从技术转移视角，大学知识创新链可以分为两个连续阶段，即人员投入、经费投入→专利申请或授权→专利许可或许可收入（Jerry and Marie，2002；Hislop，2003）。

本章通过收集各省（区、市）的产学研合作政策，采用内容分析法，对产学研合作政策进行量化与测量，在此基础上，构建中国大学知识创新链模型，将政策变量引入大学知识创新链的模型中，关注产学研合作政策对产学研合作经费投入、知识创造和知识转化完整创新链每个不同环节的影响作用，探讨了产学研合作政策对中国大学经费投入、知识创造和知识转化的影响机理，实证检验了产学研政策力度对大学产学合作模式和政学合作模式互动关系的门槛效应。

5.2　文献回顾与研究假设

5.2.1　文献研究

5.2.1.1　产学研合作政策测量

产学研合作是以产学研合作协议为基础、产学研合作专项基金为引导，并以产学研合作办公室为中心的官产学协同创新模式（冯叶成、刘嘉和张虎，2012）。产学研合作政策是政府为了促进产学研合作发展，调整企业、大学、科研院所、中介机构、金融机构等所有产学研主体的关系而制定的各种法律、法规和政策的总和，包括产学研专项政策、促进科技成果转化政策、税收激励政策、产业政策、人才政策等。政策体系由公告、通知、规划、意见以及实施细则、管理办法构成（宋健和陈士俊，2008；刘媛，2012）。

利贝卡普（Libecap，1978）将美国内华达州关于矿产权的活动浓缩成法律变革指数，第一次对政策进行量化处理，通过对矿产法的经验叙述和法律分析，确定了 15 个范畴来描述矿产权的重要性。量化政策的方法是，将每个范畴内的法律法规与已颁布的政策对比，更详细、精确地定义了权利，则记 1 分；否则，记为 0 分。希尔薇等（2002）改变了以往学者将优惠政策等因素表达为虚拟变量，构造了优惠政策指数，测量政策变量对 1996 ~ 1999 年地区增长速度的影响，发现政策要素和地理因素对沿海地区经济发展同样重要，各占 3%。拉诺伊等（2011）将环境政策强度分为：不强、一般、非常强三类，探讨了环境政策对环境创新绩效的影响，对技术标准、排污费征收等不同政策手段也进行了测量。殷华方、潘镇和鲁明泓（2006）以中国颁布的四次外资产业政策及投资目录为研究对象，对政策类别赋予权重，按照标准的两位数产业代码对政策投资目录进行分类、赋予权重，以测量外资产业政策指数，以此为基础，对外资产业政策的有效性进行分析。彭纪生、孙文祥和仲为国（2008）借鉴利贝卡普（1978）的思想，建立政策量化标准，分析了中国技术创新政策力度、政策目标和政策措施对技术进步和经济增长的影响。程华和钱芬芬（2013）以国家层面发布的与产业技术创新相关性最强的454项技术创新政策为研究对象，基于柯布—道格拉斯生产函数，利用2000～2009年的产业面板数据，对政策力度、政策稳定性与创新绩效进行了研究，发现创新政策力度对技术绩效有显著的促进作用，但对经济绩效不显著。

5.2.1.2 知识创新链

李等（Lee et al.，1995）首次提出知识供应链概念。雷哈德和皮尔保罗（Rechard and Pierpaolo，1998）基于供应链视角，提出了知识链的概念，指出知识链是一种管理供应链隐性知识的途径。柳卸林（1999）指出，创新体系的知识供应链包含以大学、国家重点实验室和国家公共研究所为主体的基础研究体系和应用研究体系。张曙和李爱平（1999）指出，知识供应链是把大学、科研院所和企业的知识优势集成化和系统化，并为企业提高效益和提升创新能力提供信息和方法。蔡翔等（2000）指出，知识供应链是围绕某一个核心主体，以满足市场需求为目标，通过知识创新，将知识供应者、知识创新者和知识使用者连接起来，以实现知识整体优化和经济化的功能模式。该文献提出，知识供应链可以分为三个阶段，即知识积累阶段、知识创新阶段和知识经济化阶段。李翠娟和宣国良（2006）从知识流动过程（知识积累阶段、知识创新阶段和知识经济化阶段）和知识运营过程（知识供应源、企业和顾客）两方面设计了知识供应链的概念模型。王晰巍等（2007）指出，知识供应链由大学、科研院所、知识代理机构、公司和消费者等不同的产学研知识创新主体组成，是以满足知识供需平衡为目的的一种动态知识网络。

威格曼（Weggeman，1997）提出知识价值链概念，指出知识价值链包含知识共享、知识应用、知识评估和知识循环四个连续过程。李等（2000）将知识价值链划分为科研、创新、保护、整合和扩散五个阶段。霍尔赛普和辛格（Holsapple and Singh，2001）将知识活动归纳为五个初级知识活动和四个高级知识活动。五个初级知识活动包括知识吸收、知识选择、知识创造、知识内部化和知识外部化，四个高级知识活动包括领导、协调、控制以及测量。夏火松（2003）指出，知识价值链包含共有知识和价值增值的整个过程。王瑞敏和刘险峰（2006）将知识价值链看作一个连续循环的过程。盛小平（2007）指出，知识价值链是企业通过对知识的管理和创新，创造利润并获取竞争优势的动态过程。

以大学为主体研究知识创新链的文献相对较少。张运华等（2008）构建了高校科技投入产出及成果转化价值链的两阶段模型，并运用 DEA 方法对高校科技投入和成果转化效率进行了分析。吴洁和施琴芬（2008）从知识价值链视角，把大学知识创新链分为科技投入和成果转化两个阶段，即人员投入与经费投入→科技著作、论文、专利授权数→技术合同转让收入。该文献以中国绝大部分省（区、市）的大学专利申请数据为研究样本，利用随机前沿生产函数，对 2002～2005 年中国大学知识创新效率进行了测量。刘亭亭等（2013）基于知识转移视角，提出了大学知识创新能力提升的动态过程，并借鉴柯布—道格拉斯生产函数，建立了高校知识创新能力的提升动态模型。原长弘和孙会娟（2013）将高校知识创新链定义为高校知识创造和高校知识转移两个过程，具体包括人员投入和经费投入、论文产出和专利产出、专利授权和高校科技成果转让收入四个连续环节。从知识创造到价值实现，并采用随机前沿方法（stochastic frontier approach，SFA）实证分析了政、产、学、研、用的协同作用对高校知识创新链效率的影响。

本章基于大学知识创新链视角，引入产学研合作政策变量，探讨产学研合作政策在大学知识创新过程中的影响作用。即研究产学研合作政策在产学研合作经费投入（产学合作、政学合作）→知识创造（论文发表和专利授权）→成果转化等各个环节中的作用。

5.2.2 研究假设

5.2.2.1 产学研合作政策与产学研合作研发经费

从20世纪80年代开始，新古典主义学派的技术创新研究者就关注技术创新过程中的政府作用，提出在推动技术创新中政府政策具有举足轻重的地位（Freeman，1987；Cornejo，1986）。依据三螺旋理论，大学、企业和政府是产学研合作最重要的三大主体（Etzkowitz and Leydesdorf，1995）。

政府加大政策力度，会对产学研合作产生激励效应。但是，当政策力度超过一定限度，对产学研合作的边际效应会逐步递减，直至产生负效应，即抑制作用。曾有文献研究过类似的问题。菲亚兹（Fiaz，2013）研究产学研合作和联盟的决定因素，发现产学研建立和激励的主要因素有研发趋势、研发风险和国家的鼓励政策，即国家相关产学研合作政策促进产学研合作和联盟发展。艾莫和李（2010）利用韩国创新调查数据研究了产学研合作的影响因素及其对企业创新绩效的影响，发现政府的研发补贴项目和政府颁布的产学研合作政策都对促进产学研合作有重要作用。

根据中华人民共和国教育部2015年《高等学校科技统计资料汇编》，把大学产学研合作经费来源分为政府资助和企业资助两类。由政府资助大学研发，形成政学合作模式也是产学研合作的一种形式。由企业资助大学产学合作研究，形成产学合作模式，是产学研合作的一种主要形式。从某种程度上看，政学合作是产学研合作政策的政策工具之一。

政府采用各种政策工具，如专项研究计划、财政拨款、税收激励和法律等引导和激励产学合作（Shyu et al.，2001）。随着产学研合作政策力度的加强，会促进产学研合作经费的投入。

有文献提出，税收激励政策对企业研发投资的影响，也呈非线性关系。在最优的政策力度门槛区间内，税收激励对企业研发投资有显著的正向作用，当大于第二个门槛值时，会产生负向作用（冯海红、曲婉和李铭禄，2015）。政府研发补贴与创新产出呈倒“U”形关系。当政府研发补贴强度低于一定水平时，补贴政策促进了专利产出；当政府研发补贴强度超过临界值时，研发补贴政策对企业专利产出有抑制效应（林洲钰、林汉川和邓兴华，2015）。地方政府作为大学知识创新链的外部政策环境营造者，所创造的科技环境与大学人均论文产出效率、专利申请效率和专利授权效率存在倒“U”形关系，随着地方政府对科技拨款比重的不断加大，大学人均论文产出效率、专利申请效率和专利授权效率最终会由提高转为降低。地方政府的支持与大学人均论文产出效率、专利申请效率和专利授权效率存在倒“U”形关系，随着地方政府对科技拨款比重的加大，政府研发补贴对大学人均论文产出效率、专利申请效率和专利授权效率会从提高转为降低（原长弘、高金燕和孙会娟，2013）。

有文献发现，产学研合作的数量与创新产出呈曲线关系。林（Lin，2017）基于 1981 ~ 1999 年美国 110 所优秀研究型大学的纵向数据集，研究得出大学参与产学研合作的数量与学术创新之间呈曲线关系。当产学合作数量超过一定水平时，产学合作数量的增加不一定促进学术创新。产学合作数量对学术创新的影响可能达到峰值，然后下降。也就是说，过多的产学研合作将减少对大学学术创新的边际贡献，并且，它们之间的关系甚至可能变为负的。也有文献提出，企业资助的产学研合作可能对科学出版产出产生负的影响，而对专利产出是有激励效果的（Hottenrott and Lawson，2014）。

中国的产学研合作政策对产学研合作经费投入（包括政学合作经费投入和产学合作经费投入）的影响是否也有类似的结果值得探究。提出以下假设。

假设 5 – 1a：产学研合作政策对产学合作经费投入具有正向影响。

假设 5 – 1b：产学研合作政策对政学合作经费投入具有正向影响。

5.2.2.2　产学研合作政策与大学知识创造

大学作为产学研合作的知识创新主体，是知识创新的源泉。《国家中长期科学和技术发展规划纲要（2006～2020）》明确指出，高校是中国培养创新人才的重要基地，是中国基础研究和高技术领域原始创新的主力军之一，是解决国民经济重大科技问题、实现技术转移和成果转化的生力军。产学研合作有助于交叉受益的知识，并使不同创新能力的主体组合、交流，创造出一种新颖、有用的知识（Wang，2016）。

科学论文是报告科学成就的唯一媒介（吴洁和施琴芬，2008；吴杨、何光荣和何晋秋，2011）。丁宁宁和王红梅（2008）基于投入产出函数研究发现，研发人员投入数量和质量，特别是高职称人才是大学论文产出的主要影响因素。专利成为衡量发明绩效、知识扩散的关键指标，包含旨在商业化使用的发明的直接结果以及关于创造性活动速率的信息，并且容易获得（赵晓阳和刘金兰，2013；张慧妍，2014；Huang and Chen，2017）。因此，一般都采用论文和专利的数量衡量大学的知识创新。赵乘源（2009）基于2001～2006年大学专利申请量，实证研究发现，R&D投入和专利申请之间存在显著相关性。吴杨等（2011）利用1991～2008年大学科技投入和产出数据研究表明，研发经费投入、研发人员以及研发时间对高校论文和专利产出都有重大影响。论文和专利作为大学知识创新最主要的两种产出形式，受到了学者们的广泛关注。

有文献发现，我国中央政府与地方政府对于大学知识创新链有不同的影响作用，地方政府对大学人均论文产出效率、专利申请效率和专利授权效率存在倒“U”形关系，政府资助和企业资助对大学产学研合作的知识产出有不同影响。企业经费资助对大学人均论文产出没有促进作用，但可以促进大学人均专利申请量的增加（原长弘和孙会娟，2013）。

也有文献指出，公司的商业利益可能会限制合作的大学学者的出版计划（Nelson，2004；Banal-Estanol et al.，2013）。研究人员可能延迟出版（Czarnitzki et al.，2015）。特拉伊藤贝格等（Trajtenberg et al.，1997）指出，企业资助的产学研合作的主要目标是商业化成功，而大学研究一般主要关注回答基本科学问题。通常吸引公司投资的研究可能不一定最接近基础研究前沿问题（Rosenberg and Nelson，1994），由此引出，企业资助的产学研合作项目可能并不利于促进学术出版。

经典的投入产出理论研究的是产品生产，知识与产品的生产都需要资源投入。格里利兹（Griliches，1979）最初提出的知识生产函数的基本假设，就是将知识的产出看作生产知识的基本投入的函数。随后，杰夫（Jaffe，1986）拓展了格里利兹的知识生产函数框架，指出影响知识产出的因素，除了经费与人力资源投入外，还包括其他一系列经济社会变量（王晓亚和谢思全，2015）。因此，可以认为产学研合作创新产出是其创新投入的函数，产学研合作政策是产学研合作创新投入的来源之一。大学、科研院所通常以知识流作为学术产出的衡量指标，并评价其商业价值。随着产学研协同创新模式的深入推进，其反映大学产学研创新能力的产出指标可具体归纳为，人才培养、发明专利、经济效益、技术水平、科技获奖（或论文）和成果应用。产学研合作政策促进产学研合作研发投入，带来创新产出增加。

综上所述，提出以下假设。

假设 5 –2a：产学研合作政策对大学论文产出具有正向影响。

假设 5 –2b：产学研合作政策对大学专利产出具有正向影响。

5.2.2.3　产学研合作政策、产学合作（政学合作）与研究合作和知识创新

政府和企业是大学研发资金的重要来源。因此，大学知识创新——论文产出和专利产出是政府和企业对大学资源投入的结果。文献研究证实高校知识创造受到科研活动的影响（吴杨等，2011；原长弘和孙会娟，2013）。李伟铭等（2008）研究发现，技术创新政策通过科研活动的中介作用提升创新绩效。

政府经费和企业经费资助的目的导向不同，有研究显示，政府的科研经费资助对论文产出的促进作用更加显著，企业的研发经费对大学专利的产出具有正向激励，论文产出无显著相关性（温珂等，2013）。另外，政府对大学的经费还涉及对人才培养、学科建设等方面的资助，部

分经费被分散到大学各个领域的建设，导致政府经费资助对大学科技成果转化的影响效果降低；而企业研发经费一般是直接资助某一个科研项目，使得经费的使用更具针对性（刘家树和菅利荣，2011）。程华和吴丽君（2015）采用2000～2012年大学—企业相关科研数据，分析了浙江省政府科技投入、协同创新对纺织业创新绩效的影响。结果表明，政府对大学的科技投入对于产学研合作发表论文数具有显著的正向影响，产学合作研究在政府科技投入与合作申请专利之间起完全中介作用。产学研合作政策除了对大学知识创造具有直接作用，还可能通过产学合作和政学合作的中介作用，间接促进大学的知识创造。

综上所述，提出以下假设。

假设5－3a：产学合作在产学研合作政策和大学专利产出之间具有中介作用。

假设5－3b：政学合作在产学研合作政策和大学论文产出之间具有中介作用。

5.2.2.4 大学知识创新与知识转化

提升大学创新绩效是在创新链过程中的一个重点问题（Rivera-Huerta et al.，2011）。

大学知识创造能力提升的实质是大学内部知识存量的不断积累，大学知识存量是指，其在某一时间点上所拥有的知识总量，在成果上主要表现为论文和专利。知识存量积累可分为静态积累和动态积累，静态积累是大学知识的储备和维持，动态积累是大学知识的整合、应用和创造（黄青，2016）。大学知识转化是知识在社会化过程中的一个重要环节。大学通过基础研究、应用研究和试验开展知识创造活动，其产出主要是以论文和专利形式的科技成果。然而，这些知识产出（论文和专利）还没有转化为知识生产力。大学科技成果转化的目的是，把知识创造的成果转变为现实生产力，是促进科技成果商业化的过程（Rasmussen et al.，2006）。

论文是大学基础科学研究成果的集中体现，反映了大学的理论知识创造，是大学知识转化的源头。大学的论文产出能力越强，其对知识转化的促进作用也越强。专利是大学知识转化的直接对象，反映的是大学技术知识创造。大学向企业转让科技成果，主要是通过转让专利的知识产权实现。大学的专利转让收入体现了大学科技成果的价值实现，大学获得专利转让收入，实现大学知识转化过程。

大学专利产出直接影响其知识转化结果，成果转让收入与专利授权数正相关（原长弘和孙会娟，2013）。大学的专利产出能力越强，则其通过专利转让实现技术转移的机会越多，因此，其知识转化能力越强。同样，大学论文体现了大学的理论知识创新，在一定程度上反映了大学的科研能力。一般情况下，大学的科研能力越强，其知识转化能力越强。

综上所述，提出以下假设。

假设 5 –4a：大学论文产出对知识转化具有显著正向影响。

假设 5 –4b：大学专利产出对知识转化具有显著正向影响。

5.2.2.5　产学研合作政策与产学合作、政学合作的门槛效应

目前，关于产学合作模式和政学合作模式之间互动的研究较少，现有文献更多的是基于企业角度，探讨产学研合作研发和企业内部研发之间的互动关系。一部分文献通过实证研究证实了企业 R&D 投入密度在产学研合作与企业内部研发之间具有门槛效应。企业 R&D 投入水平的差距，构成了一个重要的门槛变量。只有当企业 R&D 投入越过一个门槛值后，产学研合作研发对企业独立研发的互补性作用才得以发挥（樊霞、何悦和朱桂龙，2011；樊霞、任畅翔和刘炜，2013）。

也有文献研究表明，企业的技术能力（主要是技术创新能力和技术吸收能力）在产学研合作研发与企业内部研发的互动中具有特殊的门槛作用。在企业技术创新能力较弱时，产学研合作研发对企业内部研发具有替代性。只有在企业技术创新能力超过某一门槛的情况下，产学研合

作研发对于企业内部研发的作用才会表现出互补性（原毅军和于长宏，2012）。

冯海红、曲婉和李铭禄（2015）研究了税收激励政策对企业研发投资的影响，在最优的政策力度门槛区间内，政策对企业研发投资有显著的正向激励作用。政策力度小于第一个门槛值时，激励作用较微弱，政策力度大于第二个门槛值时，则产生反效果。在一定范围内，税收激励政策对企业研发投资有显著的正向激励作用，且存在最优的政策力度区间。

大学与企业和政府合作的目的，均是为了提高自身的知识创造能力。随着政产学研合作政策力度的不断加强，大学与企业和政府的合作积极性也不断提高，此时，产学合作研发和政学合作研发可能表现为互补性。大学通过和政府合作增强了自身的知识创造能力，将进一步促进产学研合作。

产学研合作可以使大学从更广阔的地理范围、组织范围和科学范围获取知识，为进一步创新发展奠定基础（Almeida et al.，2011）。

随着产学研合作政策的进一步加强，政府和企业对大学的资源投入会出现饱和或者过剩的现象。此时，大学知识创造能力提升已不足以跟上外部资源的投入，当大学选择其中一种合作途径时，其知识资源的有限性，会对另一种合作途径产生抑制作用，从而表现出替代性。朱利亚尼和阿尔萨（2009）指出，大学与产业合作过于密切，研究更多的是产业导向、问题导向，从长期来看，可能会损害研究人员对知识的自由探索。一些文献指出，产学研合作对大学学术研究有一定的负面影响，延迟或阻碍论文发表和专著出版，不利于知识的传播，以牺牲基础研究为代价，挤出学术研究，从而使得研究质量下降（Czarnitzki et al.，2015；Hottenrott and Lawson，2014；Welsh et al.，2008）。因此，提出以下假设。

假设5-5：产学研合作政策在促进产学合作和政学合作中存在门槛效应。

5.3 研究方法

5.3.1 数据来源

产学研合作政策收集。通过中华人民共和国教育部官方网站、中华人民共和国科学技术部官方网站、中国法律信息网等相关网站，以“产学研合作”“产学合作”“产教融合”“校企合作”等作为全文关键词进行初步检索，收集了1985~2014年国家及各部委颁布的1295项产学研合作政策（不包括各省、区、市颁布的地方性法规）。通过对每项政策的仔细研读，从中筛选出与产学研合作相关性较强的363项政策样本。政策类型包括法律、法规、规定、条例（暂行条例）、意见、通知、办法、实施细则、决定等22种。进一步通过中国的30个省（区、市）相关网站收集的省级层面的产学研合作政策，获得2231项与产学研合作具有较强相关性的地方政策。

《高等学校科技统计资料汇编》是由教育部科学技术司牵头、全面反映高校科技活动总体情况的数据资料汇编。书中收录了全国普通高等学校的科技活动统计数据。自1985年开始，每年出版一册。

本章研究采用大学的相关数据，来源于《高等学校科技统计资料汇编》(2000~2014年）中的中国的30个省（区、市）的研发经费、研发人员、发表论文、授权专利和成果转化收入等。在数据整理过程中，利用中国的30个省（区、市）的大学科技活动数据进行实证分析。

5.3.2 变量测量

5.3.2.1 产学研合作政策

产学研合作政策力度（policy）。借鉴彭纪生、孙文祥和仲为国（2008）

的研究，依据国家行政权力机构与政策类型，确定政策力度赋值标准。

5——全国人民代表大会及其常务委员会颁布的法律；

4——国务院颁布的条例；

3——国务院颁布的暂行条例、规划，各个部委的条例、规定；

2——各个部委的暂行规定、办法、意见、规划；

1——通知、公告。

在涉及联合颁布政策时，以发文部门和类型匹配效度最高的计算。

对每一年度内相关产学研合作政策的各项指标进行累计，计算自1985年以来产学研合作政策的各项指标年度数值：

$$TPG_i = \sum_{j=1}^{N} PG_j \tag{5-1}$$

在式（5-1）中，i表示年份，$i \in [2006 \sim 2013]$；N表示i年颁布的政策数量；j表示i年颁布的第j项政策；PG_j表示第j项政策的分值。

假如某项政策没有被废除，就一直会有政策效力，因此，发挥作用的政策是截至当年政策力度的累积。在计算年度政策力度时，$PG_i = 1$。P_j表示第j条政策的政策力度，因此，TPG_i可表示i年产学研合作政策的整体力度。

参照国家层面的产学研合作政策打分标准，设计地方政策力度打分标准。采用国家政策力度和地方政策力度之和，表示各省（区、市）产学研合作政策力度。

5.3.2.2 产学研合作经费

大学创新资源投入主要包括研发人员投入（RY）和经费投入（ry），其中，经费投入按照来源不同，可以分为政府经费投入、企事业单位经费投入和其他经费投入，分别用来表示产学合作经费（C）、政学合作经费（G）和大学其他科研活动经费（INRD）。

5.3.2.3 大学知识创造

论文和专利是直接衡量知识积累的指标。大学知识产出主要有论文和专利两种形式，分别用论文发表数（L）和专利授权数（Z）表示。其他变量，企业知识吸收能力（xs），用地区大中型工业企业消化吸收经费支出表示，产学合作程度（contract）采用大学与企业签订的合同数表示。

5.3.2.4　成果转化

大学知识成果转化，采用大学专利转让总收入（Y）表示。

5.3.3　变量描述

研究数据包括 2006～2013 年中国的 30 个省（区、市）的面板数据，具体指标包括产学研合作政策力度、政府经费投入、企事业单位经费投入、其他经费投入、研发人员投入、论文发表数、专利授权数、合同数、专利转让收入、企业消化吸收经费等，从最大值、最小值、均值和标准差四个方面对以上变量进行描述性统计，如表 5－1 所示。

表 5－1　描述性统计

变量	最大值	最小值	均值	标准差
产学研合作政策力度（Policy）	698.000	224.000	391.671	112.451
政学合作（G）（千元）	12 654 605.000	14 801.000	1 270 795.509	1 726 068.408
产学合作（C）（千元）	5 765 815.000	150.000	843 597.171	1 014 219.339
其他经费投入（inrd）（千元）	441 173.000	0.000	41 084.204	73 136.183
研究与发展全时人员（ry）（人年）	20 363.000	187.000	6 004.947	4 303.519
论文发表数（L）（篇）	78 758.000	1 315.000	23 095.695	17 200.005
专利授权数（Z）（项）	12 798.000	0.000	1052.104	1 641.130
专利转让收入（Y）（千元）	296 378.000	0.000	21 581.638	37 605.029
产学合作程度（contract）（项）	1 977.000	1.000	291.487	332.234
企业知识吸收能力（xs）（万元）	294 505.000	206.000	48 446.984	61 567.205

资料来源：笔者根据《高等学校科技统计资料汇编》（2000～2014 年）整理计算而得。产学研合作政策力度根据公式计算整理而得。

5.4　实证分析

5.4.1　产学研合作政策，产学合作（政学合作）与知识创造

依据上述分析，建立以下两个模型。

首先，建立产学研合作政策对大学论文产出的中介效应模型，该模型的建立是为了检验大学科研活动在产学研合作政策对大学论文产出影响中的中介效应，因此，产学研合作政策是自变量，大学论文产出是因变量，校企合作和校政合作是中介变量，其具体回归模型如下：

$$\ln L_{it} = \alpha_1 + c\ln Policy_{it-1} + \beta_1 \ln RY_{it-1} + \gamma_1 \ln INRD_{it-1} + \mu_1 \quad (5-2)$$

$$\ln M_{jit-1} = \alpha_2 + a\ln Policy_{it-1} + \beta_2 \ln RY_{it-1} + \gamma_2 \ln INRD_{it-1} + \mu_2 \quad (5-3)$$

$$\ln L_{it} = \alpha_3 + b\ln M_{jit-1} + c'\ln Policy_{it-1} + \beta_3 \ln RY_{it-1} + \gamma_3 \ln INRD_{it-1} + \mu_3 \quad (5-4)$$

其次，建立产学研合作政策对大学专利产出的中介效应模型，该模型的建立是为了检验大学科研活动中产学研合作政策对大学专利产出影响的中介效应，因此，产学研合作政策是自变量，大学专利产出是因变量，校企合作和校政合作是中介变量，其具体回归模型如下：

$$\ln Z_{it} = \alpha_1 + c\ln Policy_{it-1} + \beta_1 \ln RY_{it-1} + \gamma_1 \ln INRD_{it-1} + \mu_1 \quad (5-5)$$

$$\ln M_{jit-1} = \alpha_2 + a\ln Policy_{it-1} + \beta_2 \ln RY_{it-1} + \gamma_2 \ln INRD_{it-1} + \mu_2 \quad (5-6)$$

$$\ln Z_{it} = \alpha_3 + b\ln M_{jit-1} + c'\ln Policy_{it-1} + \beta_3 \ln RY_{it-1} + \gamma_3 \ln INRD_{it-1} + \mu_3 \quad (5-7)$$

在上述模型中，$Policy_{it-1}$作为自变量，表示 i 地区第 t - 1 年的产学研合作政策强度，用国家产学研合作政策强度和地区产学研合作政策强度之和表示。M_{jit-1}表示中介变量，中介变量 $M1 = C_{it-1}$，表示 i 地区第 t - 1 年校企合作，用企事业单位对大学的资金投入表示；中介变量 $M2 = G_{it-1}$，表示 i 地区第 t - 1 年校政合作，用政府对大学的资金投入表示。因变量 L_{it}代表 i 地区第 t 年大学论文产出，用大学论文数表示；Z_{it}代表 i 地区第 t 年大学专利产出，用大学专利授权数表示。控制变量 RY_{it-1}和 $INRD_{it-1}$分别表示 i 地区第 t - 1 年研发人员投入和大学内部科研活动，分别用研究与发展全时人员和大学其他科研资金投入表示。大学知识创新投入产出具有滞后性，因此，t－1 表示滞后一年。

依据前面建立的计量模型，运用 EViews 7.0 软件对面板数据进行分析。在确定面板数据回归模型的类型之前，需进行豪斯曼（Hausman）检验和 F 检验。Hausman 检验用于确定选择固定效应模型还是随机效应模型，F 检验用于确定选择固定效应模型还是混合横截面模型。通过 EViews 7.0 软件进行 Hausman 检验、F 检验，其结果显示，Hausman 检验 P 值均为 0，因此，拒绝固定效应模型与随机效应模型不存在系统差异的原假设，选择固定效应模型。而 F 检验 P 值均为 0，小于 0.05，拒绝混合横截面模型相对于固定效应模型更有效的原假设，选择固定效应模型。综合 Hausman 检验结果和 F 检验结果，采用固定效应模型进行回归分析。

借用温忠麟等（2004）的中介效应检验程序，运用 EViews 7.0 软件进行逐步回归分析，获得中介效应检验结果。

5.4.1.1　产学研合作政策、产学合作与大学论文产出

产学研合作政策、产学合作与大学论文产出中介效应检验结果，见表 5－2。模型检验第一步，回归系数 c 为 0.465，且通过 1% 的显著性检验。直接效应显著且为正，表明产学研合作政策对大学论文产出具有促进作用。产学研合作政策强度每增加 1 单位，大学论文产出将提高 0.465 单位。模型检验第二步，回归系数 a 为 1.307，且通过 1% 的显著性检验，表明产学研合作政策强度的增加促进了产学合作。产学研合作政策强度每增加 1 单位，产学合作将提高 1.307 单位。模型检验第三步，回归系数 b 和 c′分别为 0.074 和 0.369，且均通过 1% 的显著性检验，说明产学合作在产学研合作政策与论文产出中起中介效应，并且占据总效应的 20.80%。产学合作中介效应显著为正，表明提升产学合作对大学论文产出有促进作用，即产学研合作政策促进了产学合作的提升，进一步促进了大学的论文产出。

表 5-2　产学研合作政策、产学合作与大学论文产出中介效应检验结果

中介变量	原系数	中介效应		Sobel 检验
产学合作（C）	c	a	b	Z
	0.465 ***	1.307 ***	0.074 ***	—
检验结果	直接效应	c′	0.369 ***	显著
	中介效应	ab	0.097	显著
	中介效应/总效应	ab/c	0.208	20.80%

注：***、**、* 分别表示在 1%、5% 和 10% 的水平上显著，“—”表示无数据。
资料来源：笔者采用 EViews 7.0 软件分析整理而得。

5.4.1.2　产学研合作政策、政学合作与大学论文产出

产学研合作政策、政学合作与大学论文产出中介效应检验结果，见表 5-3。第一步，检验结果显示，产学研合作政策对大学论文产出具有促进作用；第二步，回归系数 a 为 1.273，通过 1% 的显著性检验，表明产学研合作政策强度的增加促进了政学合作的加强。第三步，回归系数 b 和 c′ 分别为 0.093 和 0.347，且分别通过 10% 和 1% 的显著性检验，说明政学合作在产学研合作政策与论文产出中起到了中介效应，并且占据总效应的 25.50%。这部分政学合作加强，是由产学研合作政策加强带来的。

表 5-3　产学研合作政策、政学合作与大学论文产出中介效应检验结果

中介变量	原系数	中介效应		Sobel 检验
政学合作（G）	c	a	b	Z
	0.465 ***	1.273 ***	0.093 *	—
检验结果	直接效应	c′	0.347 ***	显著
	中介效应	ab	0.118	显著
	中介效应/总效应	ab/c	0.208	25.50%

注：***、**、* 分别表示在 1%、5% 和 10% 的水平上显著，“—”表示无数据。
资料来源：笔者采用 EViews 7.0 软件分析整理而得。

5.4.1.3　产学研合作政策、产学合作与大学专利产出

产学研合作政策、产学合作与大学专利产出中介效应检验结果，见表 5-4。在检验模型的第一步中，原回归系数 c 为 2.360，且通过 1% 的显著性检验。直接效应显著且为正，表明产学研合作政策对大学专利产出的提高具有促进作用。在检验模型的第二步中，回归系数 a 为 1.307，

并且通过 1% 的显著性检验，表明产学研合作政策强度的增加促进了产学合作的加强。在检验模型的第三步中，回归系数 b 和回归系数 c′分别为 0. 288 和 1. 991，且均通过 1% 的显著性检验，说明产学合作在产学研合作政策对大学专利产出的影响中起到了中介效应，并且占据总效应的 16. 00% 。这部分产学合作加强，是由产学研合作政策加强带来的。

表 5 –4　产学研合作政策、产学合作与大学专利产出中介效应检验结果

中介变量	原系数	中介效应		Sobel 检验
产学合作（C）	c	a	b	Z
	2. 360 ***	1. 307 ***	0. 288 ***	—
检验结果	直接效应	c′	1. 991 ***	显著
	中介效应	ab	0. 376	显著
	中介效应/总效应	ab/c	0. 160	16. 00%

注：*** 、** 、* 分别表示在 1% 、5% 和 10% 的水平上显著，“—” 表示无数据。
资料来源：笔者采用 EViews 7. 0 软件分析整理而得。

5. 4. 1. 4　产学研合作政策、政学合作与大学专利产出

产学研合作政策、政学合作与大学专利产出中介效应检验结果，见表 5 –5。在检验模型的第一步中，原系数 c 为 2. 360，产学研合作政策对大学专利产出的提高具有促进作用。第二步中，回归系数 a 为 1. 273，并且通过 1% 的显著性检验，表明产学研合作政策强度的增加促进了政学合作的加强。第三步中，回归系数 b 和回归系数 c′分别为 0. 480 和 1. 744，且均通过 1% 的显著性检验，说明政学合作在产学研合作政策对大学专利产出的影响中起到了中介效应，并且占据总效应的 25. 90% 。这部分政学合作加强是由产学研合作政策加强带来的。

表 5 –5　产学研合作政策、政学合作与大学专利产出中介效应检验结果

中介变量	原系数	中介效应		Sobel 检验
政学合作（G）	c	a	b	Z
	2. 360 ***	1. 273 ***	0. 480 ***	—
检验结果	直接效应	c′	1. 744 ***	显著
	中介效应	ab	0. 612	显著
	中介效应/总效应	ab/c	0. 259	25. 90%

注：*** 、** 、* 分别表示在 1% 、5% 和 10% 的水平上显著，“—” 表示无数据。
资料来源：笔者采用 EViews 7. 0 软件分析整理而得。

从上述分析可以看出，假设 5 - 1、假设 5 - 2 和假设 5 - 3 均通过检验。

5.4.2 产学合作、政学合作与知识创造

对面板数据进行 Hausman 检验和 F 检验以判断回归模型。检验结果表明，采用固定效应模型较为合理。此外，模型的 R^2 和调整后的 R^2 都在 0.890 左右，并且通过 F 检验，所有变量在整体上较好地解释了被解释变量，模型整体拟合度较好。

在论文产出模型参数中，产学合作对大学论文产出的作用没有通过显著性检验，而政学合作对论文产出通过了 10% 的显著性检验，并且系数为正。这表明，政学合作对大学论文产出具有显著正向影响，而产学合作对大学论文产出影响不显著，假设 5 - 2a 得到验证。

在专利产出模型参数中，产学合作对专利产出通过了 5% 的显著性检验，且系数为正，而政学合作对专利产出不显著，假设 5 - 2b 得到验证。

此外，结果还显示，产学合作和政学合作的交互项分别在 10% 的显著水平上和 5% 的显著水平上对论文产出和专利产出具有显著的负向影响。可能是大学同时运营两种不同的产学研合作方式，需要花费大量知识管理成本，因此，减弱了创新投入能力，产学合作与知识创新的回归结果，见表 5 - 6。

表 5 - 6　　产学合作与知识创新的回归结果

变量	论文产出模型参数	专利产出模型参数
常数	0.499 (1.290)	-18.352*** (3.620)
LnC	0.364 (0.251)	1.559** (0.710)
LnG	0.577* (0.736)	0.396 (0.913)
LnC × LnG	-0.076* (0.041)	-0.239** (0.114)

续表

变量	论文产出模型参数	专利产出模型参数
$(LnC)^2$	0.027** (0.012)	0.068* (0.035)
$(LnG)^2$	0.015 (0.029)	0.110 (0.082)
ry	0.010 (0.065)	-0.237 (0.182)
inrd	0.010 (0.006)	-0.013 (0.018)
policy	0.423*** (0.093)	1.925*** (0.269)
R^2	0.892	0.882
调整后 R^2	0.890	0.878

注：***、**、*分别表示在1%、5%和10%的水平上显著，括号内数值表示标准差。
资料来源：笔者采用 EViews 7.0 软件分析整理而得。

5.4.3 大学知识创新与知识转化

大学的论文和专利是大学知识创新和创新能力的重要指标。一般情况下，大学的科研能力越强，知识转化能力也越强。论文和专利产出，直接影响其知识转化。此外，大学知识转化是一种较高层次的知识流动过程，需要知识发送方和知识接收方相互了解，因此，大学与企业的合作程度也会影响知识转化。采用大学与企业签订的合同数，表示产学合作程度。知识转化还与企业吸收能力有关（Hall and Martin，2005），采用地区大中型工业企业消化吸收经费支出表示。将产学合作程度和企业知识吸收能力作为控制变量，设立模型。

$$\ln Y = \alpha + \beta_1 \ln L + \beta_2 \ln Z + \beta_3 xs + \beta_4 contract + \mu \quad (5-8)$$

在式（5-8）中，Y 表示知识转化，采用专利转让总收入表示；L 表示论文产出；Z 表示专利产出；xs 表示企业知识吸收能力；contract 表示产学合作程度。小写表示数据已经过对数化处理。

经过 Hausman 检验和 F 检验，采用固定效应模型进行回归分析。结果发现，$\beta_1<0$，但没有通过显著性检验，表明大学论文产出与知识转化

具有负相关关系，但这种关系并不明显。假设 5 - 4a 不成立。$\beta_2>0$ 且通过 1% 的显著性检验，假设 5 - 4b 成立。大学专利产出每增加 1 个单位，大学知识转化增加 0.636 个单位。此外，在控制变量方面，β_3 和 β_4 的系数均大于 0，表明企业知识吸收能力和产学合作程度与大学知识转化存在正向关系，在一定程度上能够促进大学知识转化，大学知识转化模型估计结果，见表 5 - 7。

表 5 - 7　　大学知识转化模型估计结果

变量	待估参数	大学知识转化模型
常数	C	14.402 * (7.474)
lnL	β_1	-1.046 (0.888)
lnZ	β_2	0.636 *** (0.207)
xs	β_3	0.110 (0.123)
contract	β_4	0.001 (0.027)
R^2	—	0.736
调整 R^2	—	0.680

注：***、**、* 分别表示在 1%、5% 和 10% 的水平上显著。

资料来源：笔者根据数据分析整理而得。

5.4.4 门槛效应检验

借鉴汉森（Hansen，1999）的研究，基于面板数据的门槛回归模型，把产学研合作政策作为门槛变量（threshold variable），通过门槛模型计算门槛值，以确定产学合作与政学合作从互补性转变为替代性的分界点。

为了验证产学研合作政策在政学合作影响产学合作过程中的门槛效应，先以产学合作为因变量，政学合作与其他变量为自变量，设立检验模型。

$$\ln C=\alpha_0+\alpha_1\ln G+\alpha_2 Policy\times\ln G+\alpha_3 Policy+\alpha_4 ry+\mu \quad (5-9)$$

在式（5－9）中，C表示产学合作；G表示政学合作；Policy表示产学研合作政策强度；ry表示研发人员投入，作为控制变量；政学合作G与产学研合作政策Policy都影响产学合作C，但是，当固定G的时候，政学合作G对产学合作C的影响，还会和产学研合作政策有关，因此，在模型中放入交叉项，体现产学研合作政策在决定政学合作和产学合作互动模式方面的特殊作用。

将式（5－9）整理成如下表达式：

$$\ln C = \alpha_0 + (\alpha_1 + \alpha_2 Policy)\ln G + \alpha_3 Policy + \alpha_4 ry + \mu \qquad (5-10)$$

在式（5－10）两边同时对lnG求导，可以得到lnG的边际效应，用以反映产学合作C和政学合作G之间的互动关系，即：

$$\omega = \frac{\partial \ln C}{\partial \ln G} = \alpha_1 + \alpha_2 Policy$$

当$\omega = 0$时，lnG的边际效应等于零，说明在产学研合作政策作用下，政学合作G不会影响产学合作C的边际收益，此时，可求得$Policy = -\frac{\alpha_1}{\alpha_2}$，其中，$-\frac{\alpha_1}{\alpha_2}$为产学研合作政策在政学合作影响产学合作过程中的门限值。

根据式（5－9）的设定，如果$\alpha_1 > 0$，$\alpha_2 < 0$，说明模型中产学研合作政策的作用使政学合作加强的同时抑制产学合作，二者表现出来的关系是替代性；如果$\alpha_1 < 0$，$\alpha_2 > 0$，说明模型中产学研合作政策的作用使政学合作加强的同时促进产学合作，二者表现出来的关系是互补性。如果$\alpha_1 > 0$，$\alpha_2 > 0$，说明产学研合作政策在产学合作和政学合作互动关系中没有门槛效应。

同样，为了验证产学研合作政策在产学合作影响政学合作过程中的门槛效应，以政学合作为因变量，产学合作和其他变量为自变量，设立检验式（5－11）。

$$\ln G = \beta_0 + \beta_1 \ln C + \beta_2 Policy \times \ln C + \beta_3 Policy + \beta_4 ry + \mu \qquad (5-11)$$

在式（5－11）中，各变量的含义和式（5－9）相同。当固定C时，产学合作 C 对政学合作 G 的影响还与产学研合作政策有关，同样，在模型中加入交叉项 Policy × lnC，体现产学研合作政策在政学合作和产学合作互动中的作用。

把式（5－11）整理如下：

$$\ln G = \beta_0 + (\beta_1 + \beta_2 Policy)\ln C + \beta_3 Policy + \beta_4 ry + \mu \qquad (5-12)$$

式（5－11）两边同时对 lnC 求导，可以得到 lnC 的边际效应，用以反映政学合作 G 和产学合作 C 之间的互动关系，即：

$$\xi = \frac{\partial \ln G}{\partial \ln C} = \beta_1 + \beta_2 Policy$$

当 $\xi = 0$ 时，lnC 的边际效应等于零，说明产学合作 C 不会影响政学合作 G 的边际收益，此时可求得 $Policy = \frac{\beta_1}{\beta_2}$，其中，$-\frac{\beta_1}{\beta_2}$为产学研合作政策在产学合作对政学合作影响过程中的门槛值。

根据式（5－10）的设定，如果 $\beta_1 > 0$，$\beta_2 < 0$，说明产学研合作政策的作用在促进产学合作的同时抑制政学合作，二者是替代关系。如果 $\beta_1 < 0$，$\beta_2 > 0$，说明产学研政策的作用在促进产学合作的同时促进政学合作，二者是互补关系。如果 $\beta_1 > 0$，$\beta_2 > 0$，说明产学研合作政策在产学合作和政学合作互动关系中没有门槛效应。

经过 Hausman 检验和 F 检验，确定采用固定效应模型进行回归分析。

式（5－9）的估计结果显示，lnG 的回归系数为正，而 Policy × lnG 的回归系数为负，属于 $\alpha_1 > 0$，$\alpha_2 < 0$ 的情形，求出的门槛值为 Policy = 6.310。lnG 的回归系数为正，表明当产学研合作政策维持在一定强度时，即 Policy < 6.310 时，产学合作对政学合作变化的弹性大于 0，政学合作对产学合作具有互补性，即政学合作的加强会激励产学合作。Policy × lnG 的回归系数为负，表明当产学研合作政策强度继续加强超过门槛值后，Policy > 6.310 时，产学合作对政学合作变化的弹性将小于 0，此时，政学合作对产学合作将表现为替代性，即在产学研合作政策的作用下，政学合作会抑制产学合作。

式（5-11）的回归结果显示，lnC 和 Policy × lnC 的估计系数和式（5-9）类似，属于 $\beta_1>0$，$\beta_2<0$ 的情形，同样，求出门槛值为 Policy = 6.423。说明当产学研合作政策维持在一定强度上，即 Policy < 6.423 时，政学合作对产学合作变化的弹性大于0，产学合作对政学合作具有互补性，即产学合作加强会激励政学合作。当产学研合作政策强度继续加强超过一个门槛后，即 Policy > 6.423 时，政学合作对产学合作变化的弹性将小于0，此时，产学合作对政学合作将体现为替代性，产学研合作政策对产学合作和政学合作的门槛效应，见表5-8。

表5-8　产学研合作政策对产学合作和政学合作的门槛效应

产学合作		政学合作	
常数	-30.303*** (3.988)	常数	-1.140 (1.600)
lnG	2.966*** (0.305)	lnC	0.334*** (0.115)
Policy × lnG	-0.470*** (0.052)	Policy × lnC	-0.052*** (0.024)
Policy	7.533*** (0.790)	Policy	1.887*** (0.365)
ry	-0.491*** (0.184)	ry	0.349*** (0.092)
R^2	0.985	R^2	0.991
门限值	6.310	门限值	6.423
调整 R^2	0.982	调整 R^2	0.989

注：***、**、* 分别表示在1%、5%和10%的水平上显著。
资料来源：笔者根据模型采用 EViews 7.0 软件计算整理而得。

当产学研合作政策维持在一定强度上时，产学合作和政学合作之间表现为互补性。此时，大学无论侧重于哪种科研活动方式，都会对另一种方式产生激励作用。而随着产学研合作政策支持力度的不断加强，当超过一个门槛值时，产学合作和政学合作之间的互动模式将由之前的互补性转为替代性。此时，大学无论侧重于哪一种科研活动方式，都会对另外一种方式产生抑制作用。因此，假设5-5成立。

经过对原始数据统计计算，选取中国的30个省（区、市）的面板数据关于产学研合作政策变量的值，只有6.41%的政策变量超出产学合作模型中的门槛值6.310，而只有1.03%的政策变量取值大于政学合作模型中的门槛值6.423，中国的30个省（区、市）产学研合作政策变量取值散点图，如图5－1所示。可以看出，中国的30个省（区、市）产学研合作政策在产学合作与政学合作的互动关系中，主要体现为促进作用。

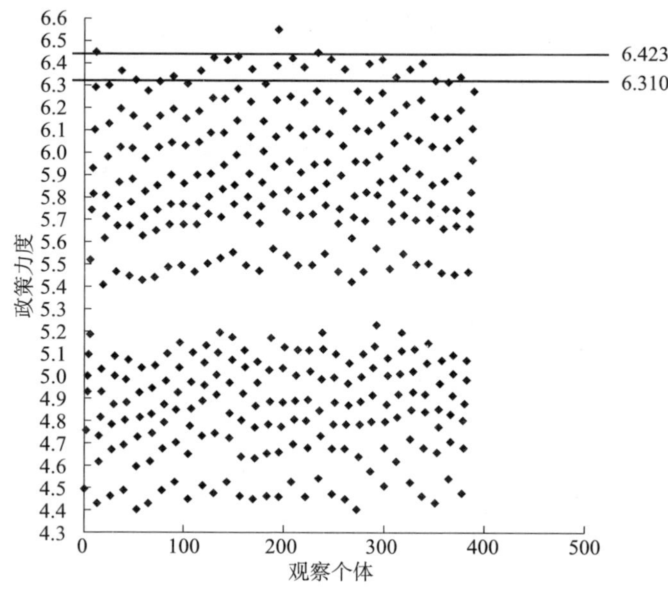

图5－1　中国的30个省（区、市）产学研合作政策变量取值散点图

资料来源：笔者绘制。

5.5　结论与讨论

本章基于国家及各部委和30个省（区、市）颁布的产学研合作政策以及《高等学校科技统计资料汇编》中有关大学产学研合作经费、论文、专利和转让收入等数据，考察了产学研合作政策在大学产学研合作经费投入、知识产出和知识转化这一知识创新链不同环节中的作用。

本章的主要贡献在于：第一，全面分析了产学研合作政策在大学知识创新链各个环节的作用，丰富了产学研合作政策促进大学知识创新链不同环节的作用机制研究；第二，基于大学知识创新链视角研究发现，产学研政策作用于大学知识创新链的各个环节，不同来源的产学研合作经费的作用效果存在一定差异，对于发现和理解产学研合作政策在知识创新链中的不同作用提供了一个独特视角；第三，实证检验了产学研合作政策对产学合作经费和政学合作经费存在的门槛效应，揭示了产学研合作政策对不同产学研合作模式作用的机理。

5.5.1　研究结论

5.5.1.1　产学研合作政策对产学研合作经费投入有显著的正向影响

产学研合作政策对产学合作经费投入与政学合作经费投入都有促进作用。产学研合作政策变量对产学合作投入和政学合作投入的影响都呈倒“U”形，即存在拐点现象。产学研合作政策对产学研合作经费的影响，当期作用最大，随着时间的推移，影响效果逐渐减弱。另外，研究显示，科研人员投入也是影响产学研合作经费投入的一个重要因素。

5.5.1.2　产学研合作政策对大学知识创造有正向影响

产学研合作政策对大学知识创造——论文发表和专利授权数量都有正向影响，其中，产学研合作政策对专利产出的影响程度大于对论文产出的影响程度。与外文文献研究结论一致，研究发现，产学研合作政策实施后，专利申请数量大幅上升（Motohashi and Muramatsu，2012；Mowery and Sampat，2005）。产学研合作政策对大学专利产出的影响存在倒“U”形现象，但是，产学研合作政策对论文产出没有拐点。产学研合作政策对知识创造的影响也具有滞后性，滞后时间越长，影响程度越小。

对大学知识创造而言，政学合作经费投入影响程度大于产学合作经费投入影响程度。这说明，到目前为止，政府资金仍然是大学开展产学研活动的主要来源之一。在某种程度上也说明，产业对大学的产学研合作经费投入力度还不够。政学合作经费、产学合作经费以及其他科研经费对大学专利授权数量的影响程度，都大于对论文发表数量的影响程度。这在一定程度上说明，产学研合作的导向可能是产业问题导向的，更多的是应用研究且可能不一定接近最前沿（Rosenberg and Nelson，1994）。在所有模型中，科研人员投入都对知识产出有显著的正向影响，可见，研发人力投入是知识创造的重要因素之一。

5.5.1.3 产学研合作政策对大学知识转化有显著的正向作用

产学研合作政策对大学专利转让收入的影响作用呈倒“U”形。专利产出对大学知识转化有显著的正向作用。专利申请是大学将其创新知识转化为现实生产力的必要过程，一般来说，大学专利产出促进知识转化。政学合作经费对于专利转让有显著的正影响，产学合作经费以及其他科研经费对于专利转让影响都不显著。

5.5.1.4 产学研合作政策在产学合作和政学合作互动方面存在门槛效应

产学研合作政策在影响产学合作和政学合作互动关系方面，存在门槛效应。以产学合作为主要科研活动的大学，当产学研合作政策维持在一定强度时，产学合作活动和政学合作活动之间为互补关系。随着产学研政策支持力度不断加大，当超过一个门槛值时，政学合作会对产学合作产生替代作用，即存在门槛效应。和既有的研究结论一致，超过一定数量的产学研合作对大学学术创新的影响呈倒“U”形关系（Lin，2017）。而对于以政学合作为主要科研活动的大学来说，实证分析结果显示，政策的门槛效应并不存在，即以基础研究为主的大学不受门槛效应影响。

5.5.2 启示

在知识经济时代，知识创新的作用与价值无可替代，而掌握知识资源的大学是知识创新的主要源泉。为了促进产学研合作，提升大学知识创新能力，基于实证结论，提出以下四点建议。

（1）完善产学研合作政策，促进大学知识创造与知识转化。

实证研究显示，产学研合作政策在大学产学研合作经费投入、知识创造（论文发表和专利授权数量）、成果转化知识创新链的每个环节，都发挥了促进作用。而且，产学研合作政策对大学专利产出的影响存在倒“U”形现象，但是，产学研合作政策对代表大学学术创新的重要指标——论文产出没有拐点，这说明中国产学研合作政策对大学学术研究的激励是有效的，即产学研合作政策不仅促进大学知识的转移，同时，激励了学术创新。政府应该加大产学研合作政策力度，完善产学研合作政策体系，促进大学学术创新与学术成果转化，提升国家创新能力。

（2）鼓励企业加大对大学合作研发投入。

政学合作经费投入对大学知识创造的影响程度，大于产学合作经费投入对大学知识创造的影响程度。这说明，目前政府资金对促进大学开展产学研活动的效果更好，在某种程度上，也说明了产业对大学投入的产学研合作经费力度还不够。因此，政府在继续加大对大学产学研合作经费投入的基础上，应该制定相关政策，引导并激励企业加大对大学合作研发经费的投入，促进大学知识创新、知识流动和知识共享。

（3）对不同定位的大学实行差异化的资助政策。

研究显示，对于以产学合作为主要科研活动的大学，当产学研合作政策维持在一定强度时，产学合作和政学合作活动之间为互补关系，随着产学研政策支持力度的加大，当超过一个门槛值时，政学合作会对产学合作产生替代作用，即存在门槛效应。而对政学合作为主要科研活动的大学来说，门槛效应不存在，因此，政府应优化产学研合作政策，在继续加大政府对大学产学研资助的前提下，适当优化资助力度，政府部门工作人员需要意识到大学过度地参与产学研合作可能对大学创新存在的不利影响，如挤出基础研究，出现问题导向，导致学术研究层次不高等弊端。政府对不同定位的大学采用差异化的支持政策，以使政策效果达到最优。

（4）加大对大学人才培养的力度。

研究显示，人力资本在知识创造和成果转让的知识创新链中发挥了显著的促进作用，是影响产学研合作绩效的一个重要因素之一。未来，产学研合作政策应该充分发挥政策引导作用，制定相关政策重视研发人力资源的引进和培育，提高学术资源的配置效率。

5.5.3 不足与展望

产学研合作政策与大学知识创新链涉及面广，研究具有一定的复杂性。虽然基于大学视角，探讨了产学研政策在大学知识创新链各个环节中的影响机理，但依然存在一些不足之处。

其一，中国缺乏专门针对产学研合作的法律、法规。大部分产学研合作政策分散在其他科技政策中，收集政策文本可能存在遗漏的情况。

其二，采用客观的统计数据来表达某一指标，存在代表性不足的问题。如采用企事业资金投入指标来衡量产学合作经费投入。虽然企事业资金投入在一定程度上反映了大学和产业合作强度，但这一指标并不全面，如，没有反映科技人员交流。

未来，研究可以关注不同领域的产学研合作，不同的知识密集型行业可能存在差异，如高技术密集型产业或者低技术密集型产业可能对产学研合作政策的调节作用，以制定针对性更强的产学研合作政策，提升政策制定的科学性和政策执行的有效性。

第6章　产学研合作政策与企业创新绩效——基于企业—大学互动视角

本章从企业—大学互动视角，以208家产学研合作企业为研究对象，运用结构方程模型探讨了产学研合作政策对企业创新绩效的影响及企业—大学互动在其中所起到的中介作用，拓展了团队互动理论在产学研合作领域的有关研究，并为产学合作研究提供了新的视角。研究结果表明，产学研合作政策工具（供给型政策工具、需求型政策工具和环境型政策工具）正向影响企业创新绩效；产学研合作的供给型政策和环境型政策促进了企业—大学的人际互动和任务互动，而产学研合作的需求型政策对企业—大学的人际互动和任务互动无显著影响；企业—大学人际互动和任务互动在产学研合作供给型政策、环境型政策与企业创新绩效之间起到部分中介作用，而在产学研合作的需求型政策与企业创新绩效之间无中介作用。

6.1　问题的提出

产学研合作是具有异质性的产、学、研各方凭借自身优势资源，在一系列政策、法规、市场等方面的支持和驱动下形成合作，并在合同协议下通过共同参与生产研发活动来实现生产要素的有效结合，是提高企业创新绩效的重要途径（王浩和梁耀明，2011）。产学研合作被认为是美国过去30年经济持续发展的主要原因之一（Hall，2004）。在促进产学研合作、推动知识创新的过程中，产学研合作政策扮演着十分重要的角色。

产学研合作政策是政府促进大学和科研院所的创新能力和创新资源向产业聚集的重要手段（Ács et al.，2014）。

中外文文献研究表明，产学研合作政策促进了企业创新能力和创新绩效的提升。艾莫和李（2010）利用韩国的创新调查数据发现，获得国家资助项目的企业对产学研合作与企业绩效有促进作用。程等（Cheng et al.，2020）的研究表明，产学研合作政策促进了创新产出及成果转化。樊霞等（2012）研究揭示了政府研发补贴程度、研发战略开放程度是企业产学研合作创新绩效的重要影响因素。但是，尽管政府已颁布了大量产学研合作政策，合作效果依然不尽如人意，主要原因在于产学研合作组织间缺乏有效的互动（孙福全、陈宝明和王文岩，2007）。既有文献针对不同类型的企业—大学互动，在产学研合作政策对企业创新绩效的影响中所起的作用，尚缺乏深入探讨。

基于此，本书创新性地将“互动”变量引入产学研合作领域，根据团队互动理论将企业—大学互动分为人际互动和任务互动两类，并基于麦格拉思（McGrath，1964）提出的“输入—过程—输出”（input-process-output，I－P－O）逻辑范式，沿着“政策投入—企业—大学互动—创新绩效”的思路，以208家企业的调研数据为研究样本，建立结构方程模型，探究产学研合作政策、企业—大学互动和企业的创新绩效三者的关系。本书回答了以下问题，产学研合作政策是否对企业创新绩效有影响？产学研合作政策是否对企业—大学互动有影响？产学研合作政策是否会通过企业与大学的互动影响企业的创新绩效？

6.2 理论基础与研究假设

6.2.1 产学研合作政策与企业创新绩效

有关产学研合作政策对企业创新绩效的影响，已经被众多研究所证实（彭纪生、孙文祥和仲为国，2008；Giroud et al.，2012；程华和钱芬芬，2013；Yang et al.，2017）。目前，对创新政策的维度分类众多，但是，被学术界广泛认可的是1985年罗斯威尔和泽格维尔德（Rothwell and Zegveld）提出的将政策分为供给型政策工具、环境型政策工具和需求型政策工具三个维度。供给型政策工具分为财务支援、人力支援以及技术支援等（程华和王婉君，2013）；需求型政策工具包括政府采购、外包、经营壁垒和海外交流等；环境型政策工具分为目标规划、金融支持、税收激励、公共服务支持、策略性措施等（白彬，2016；赵筱媛和苏竣，2007）。政府对产学研合作的支持，如政府根据社会发展的需要，有意识地鼓励和支持一些企业与大学展开合作，共同研发新产品、新技术，并给予相应的企业一定的资金扶持和资源优势，能较大程度地促进和提升创新绩效（McGrath，1964）。程华和钱芬芬（2013）研究发现，供给型政策工具对创新的技术绩效有激励作用，环境型政策工具对技术绩效和经济绩效有激励作用，需求型政策工具对经济绩效作用显著。徐喆和李春艳（2017）在研究政策工具的相互作用时发现，政策工具的相互作用对创新绩效呈正的显著影响。卞元超和白俊红（2017）的研究结果也表明，政府的环境型政策中的税收激励政策对促进技术创新起到正向作用。基于此，提出以下假设。

假设6－1a：产学研合作供给型政策工具与企业创新绩效呈正相关。

假设6－1b：产学研合作需求型政策工具与企业创新绩效呈正相关。

假设6－1c：产学研合作环境型政策工具与企业创新绩效呈正相关。

6.2.2　产学研合作政策与企业—大学互动

团队是指，由多个成员组成的集合，团队成员目标一致、技能互补、相互信任、共同承担责任，通过信息共享和协作共同实现目标（Baez and Ramos，2012）。而产学研合作的各个主体恰是如此，企业与其进行产学研合作的大学组成了一个团队。目前，团队互动过程模型呈现多种维度的划分，通过归纳整理可分为人际互动和任务互动两个方面。杰威尔和莱茨（Jewell and Reitz，1981）指出，团队互动过程模型包括沟通、决策制定、影响力、合作和竞争。马克斯等（Marks et al.，2001）将团队互动分为转化、行动和人际三个阶段，转化阶段和行动阶段均是完成团队目标的具体步骤，因此，与任务维度内容一致。恩斯利等（Ensley et al.，2004）指出，团队互动过程包括，沟通有效性和团队共享愿景。政府行为在产学研协同创新中起着明显的纽带作用，其在调动、整合、利用社会资源方面具有得天独厚的优势，大学和科研院所也希望通过政府的撮合和推动，与企业协同开展创新活动，以此增进企业与大学间的互动（周正、尹玲娜和蔡兵，2013）。程华等（2018）研究发现，产学研政策促进企业—大学合作以及政府—大学合作。

产学研团队的人际互动，强调企业和大学在合作中的沟通协调。斯威齐和萨拉斯（Swezey and Salas，1992）指出，沟通、协调及团队合作是影响互动过程成功与否的关键。杰威尔和莱茨（1981）提出，沟通、影响力、合作与竞争是互动过程的核心因素。产学研合作政策通过法律条例、产权和监督等措施规制双方的行为，有利于防止合作过程中机会主义行为的发生，降低人际互动的交易成本。

任务互动过程是团队过程的结构维度，是团队成员制订行动计划、分配任务、确立领导、监控的过程（王海霞，2008）。马克斯等（2001）将团队互动过程定义为团队成员之间相互依赖的行动，这些行动以组织任务为导向，力图达到团队的整体目标。杰威尔和莱茨（1981）指出，任务维度中的决策制定是互动过程的一个核心因素。在产学研合作中，各行为主体之间以利益共享缔结，这种合作强调在实现共同目标的基础上达到各方收益的最优化（Chakravarty et al.，2004），以期通过合作实现共赢。因此，产学研合作政策的推广与实施，有利于双方明确任务目标，合理分配工作，有条不紊地执行任务，从而增强双方互动。基于此，提出以下假设。

假设 6－2a：产学研合作供给型政策工具与企业—大学人际互动呈正相关。

假设 6-2b：产学研合作需求型政策工具与企业—大学人际互动呈正相关。

假设 6-2c：产学研合作环境型政策工具与企业—大学人际互动呈正相关。

假设 6-2d：产学研合作供给型政策工具与企业—大学任务互动呈正相关。

假设 6-2e：产学研合作需求型政策工具与企业—大学任务互动呈正相关。

假设 6-2f：产学研合作环境型政策工具与企业—大学任务互动呈正相关。

6.2.3　企业—大学互动的中介作用

研究团队互动，比较有代表性的是麦格拉思（1964）提出的“输入—过程—输出”（I-P-O）模型，是从过程视角或互动视角解释团队效能的模型基础。团队成员个人因素、团队整体因素和环境因素均对团队互动过程产生影响，而团队互动过程又会影响团队绩效和团队的其他产出。即团队互动过程在输入到输出的过程中起到中介作用，团队互动模型，如图 6-1 所示。

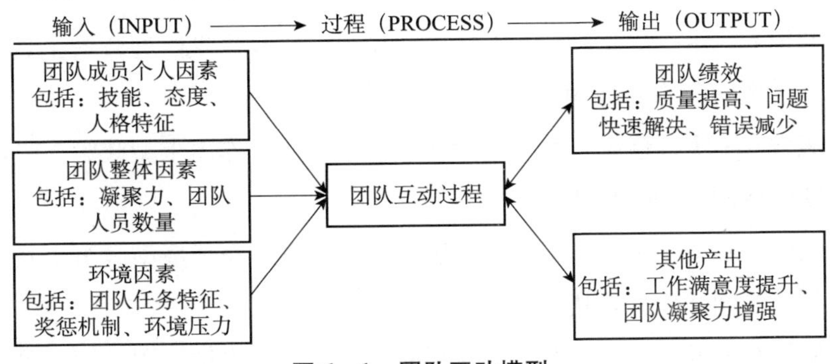

图 6-1　团队互动模型

资料来源：McGrath. Social psychology: A brief introduction [M]. New York: Holt, Rinehart and Winston, 1964.

应用到产学研合作中，产学研合作政策属于模型中的环境因素，企业—大学互动是团队互动过程，企业创新绩效被看作团队绩效。在产学研合作政策的推动下，企业积极寻求与大学的合作，实现资源和技术的互补，且具有风险共担、市场开拓、加快新技术和新产品推广的优势，其与大学之间的人际互动和任务互动都更加频繁、有效，团队互动效率提升，产学研合作质量提高，进而提高企业创新绩效。企业—大学互动是产学研合作政策促进企业创新绩效的一种作用路径。企业创新在一定程度上是合作的结果，合作能够缩短研发周期，降低研发难度，加快商业化进程等（Suhramaniam，2005）。在产学研合作中，政府的角色应被界定为促进者，应对产业、大学和政府实验室给予建议与引导，提供友好的、支持性的环境（Geisler，1997）。目前，中国产学研激励创新绩效的作用并不明显，主要原因在于产学研内部主体缺乏长期、深度的互动（陈劲等，2009）。不断地互动可以增进企业与大学间的信任，提高两者沟通协商的效率，从而化解冲突，进而促使双方致力于共同的方向以完成合作目标。李成龙和刘智跃（2013）研究表明，产学研创新系统耦合通过互动行为影响创新绩效。叶伟巍等（2014）研究发现，激励政策能够增强企业和大学的协同度，提高产学研协同创新绩效。因此，企业—大学互动在产学研合作政策影响企业创新绩效的路径中起到了至关重要的作用。基于此，提出以下假设。

假设6-3a：企业—大学人际互动在产学研合作供给型政策工具与企业创新绩效间起中介作用。

假设6-3b：企业—大学人际互动在产学研合作需求型政策工具与企业创新绩效间起中介作用。

假设6-3c：企业—大学人际互动在产学研合作环境型政策工具与企业创新绩效间起中介作用。

假设6-3d：企业—大学任务互动在产学研合作供给型政策工具与企业创新绩效间起中介作用。

假设6-3e：企业—大学任务互动在产学研合作需求型政策工具与企

业创新绩效间起中介作用。

假设 6－3f：企业—大学任务互动在产学研合作环境型政策工具与企业创新绩效间起中介作用。

6.3　问卷设计与数据收集

6.3.1　问卷设计

本书借鉴既有文献中的测量题项设计了调查问卷，以李克特五点量表进行度量，问卷题项设置，见表 6－1。

表 6－1　问卷题项设置

<table>
<tr><th colspan="2">变量名称</th><th>题项</th><th>代表性文献</th></tr>
<tr><td rowspan="6">因变量</td><td rowspan="6">创新绩效</td><td>F1. 与同行相比，本企业推出新产品的速度快</td><td rowspan="6">詹通和阿里（Jantunen and Ari，2005）；刘学元、丁雯和赵先德（2016）</td></tr>
<tr><td>F2. 与同行相比，本企业推出新产品的数量多</td></tr>
<tr><td>F3. 与同行相比，本企业新产品的质量好</td></tr>
<tr><td>F4. 与同行相比，本企业新产品率先应用新技术</td></tr>
<tr><td>F5. 与同行相比，本企业新产品开发的成功率高</td></tr>
<tr><td>F6. 与同行相比，本企业新产品销售额增长快</td></tr>
<tr><td rowspan="7">自变量</td><td rowspan="4">产学研合作供给型政策因子</td><td>A1. 在产学研合作研发经费资助政策下，本企业的创新活动可获取足够的资金支持</td><td rowspan="7">罗斯威尔和泽格维尔德（1985）；程华和王婉君（2013）；徐喆和李春艳（2017）</td></tr>
<tr><td>A2. 在产学研合作人力资源政策下，本企业能招募到所需的人才</td></tr>
<tr><td>A3. 在产学研基础设施建设政策下，本企业创新活动所需的信息基础设施能得到保证</td></tr>
<tr><td>A4. 在产学研合作科技信息支持政策下，本企业在技术发展方面能获得充分支持</td></tr>
<tr><td rowspan="3">产学研合作需求型政策因子</td><td>B1. 在产学研采购政策下，本企业的新产品被政府大宗采购</td></tr>
<tr><td>B2. 在产学研相关技术标准下，本企业的产学研项目实施具有可行技术标准</td></tr>
<tr><td>B3. 在产学研贸易管制政策下，本企业的进出口受到关税、货币调节等管制</td></tr>
</table>

续表

变量名称		题项	代表性文献
自变量	产学研合作环境型政策因子	C1. 在产学研金融支持政策下，本企业能享受到融资贷款方面的便利	罗斯威尔和泽格维尔德（1985）；程华和王婉君（2013）；徐喆和李春艳（2017）
		C2. 在产学研税收激励政策下，本企业能享受到充分的税收减免	
		C3. 在产学研知识产权政策下，本企业能享受到完善的专利保护	
		C4. 在产学研法规管制政策下，本企业认为政府应为企业科技创新活动提供有利的政策环境	
中介变量	企业—大学人际互动因子	D1. 本企业与合作大学能够准确、顺畅地表达意见、交流研讨	格拉德斯通（Gladstein，1984）；斯威齐和萨拉斯，1992）；李成龙和刘智跃（2013）
		D2. 本企业与合作大学资源互补，能够很好地协调配合	
		D3. 本企业对合作大学的工作态度和工作能力感到放心	
		D4. 本企业与合作大学基本上没有不同的观点	
		D5. 本企业与合作大学对合作目标和项目绩效有一致的期望	
	企业—大学任务互动因子	E1. 本企业与合作大学针对合作项目制订了相应的计划，并按该计划进行	
		E2. 本企业清楚地了解自己与大学合作中承担的任务和职责	
		E3. 本企业与合作大学能开放地共享与合作项目相关的信息	
		E4. 本企业与合作大学在合作过程中彼此认真监督工作进展	
		E5. 本企业与大学合作时会有其中一方起到主导作用	
控制变量	企业年龄	□5 年以下　□5～10 年　□10 年以上	廖中举和程华（2014）
	企业规模	□20 人以下　□20～299 人　□300～999 人　□1 000 人及以上	《关于印发统计上大中小微型企业划分办法的通知》（2011）
	所有制类别	□国有及国有控股企业　□民营及民营控股企业　□外资及外资控股企业	关于划分企业登记注册类型的规定调整的通知（2011）
	企业所属行业	□高新技术产业　□非高新技术产业	《高新技术企业认定管理办法》（2016）

续表

变量名称		题项	代表性文献
控制变量	企业研发投入	□1%以下　□1%~2%　□2%~5%　□5%以上	经济合作与发展组织(2013)

资料来源：笔者根据相关文献整理而得。

6.3.2 数据来源

调研时间为2018年6~7月。共发放调查问卷500份，回收有效问卷208份，有效率为41.6%。企业规模：员工人数为20人以下的企业占比为4.8%；20~299人的企业占比为31.3%；300~999人的企业占比为43.3%；1000人以上的企业占比为20.6%。企业所有制类别：国有及国有控股企业占比为25.5%；民营及民营控股企业占比为51.4%；外资及外资控股企业占比为23.1%。企业所属行业：高新技术企业占比为89.9%；非高新技术企业占比为10.1%。企业研发投入强度：企业研发投入占销售收入的比重为1%以下的企业占比为13.9%；比重为1%~2%的企业占比为40.9%；比重为2%~5%的企业占比为39.9%；比重为5%以上的企业占比为5.3%。

6.4 数据分析与假设检验

6.4.1 信度检验与效度检验

信度分析结果显示，克隆巴赫（信度）系数值（Cronbach's Alpha）为0.914，产学研供给型政策工具、产学研需求型政策工具、产学研环境型政策工具、企业—大学人际互动、企业—大学任务互动及企业创新绩效的信度系数均大于0.700，有效性符合统计要求。进一步研究报告了已删除的最大Cronbach's Alpha值，删除任何题项均不能提高问卷量表的信度，说明调查问卷信度较高，信度检验与效度检验结果，见表6－2。

表6－2　　　　信度检验与效度检验结果

变量	维度	题项数量	因子载荷	Cronbach's Alpha 值	项已删除的最大 Cronbach's Alpha 值
产学研合作政策	供给型政策工具	A1	0.748	0.812	0.805
		A2	0.819		
		A3	0.758		
		A4	0.689		
	需求型政策工具	B1	0.807	0.823	0.779
		B2	0.854		
		B3	0.830		
	环境型政策工具	C1	0.822	0.834	0.824
		C2	0.680		
		C3	0.786		
		C4	0.756		
企业—大学互动	人际互动	D1	0.784	0.841	0.827
		D2	0.733		
		D3	0.677		
		D4	0.805		
		D5	0.681		
	任务互动	E1	0.724	0.860	0.852
		E2	0.729		
		E3	0.802		
		E4	0.826		
		E5	0.672		
企业创新绩效	企业创新绩效	F1	0.713	0.880	0.868
		F2	0.703		
		F3	0.697		
		F4	0.792		
		F5	0.715		
		F6	0.695		

资料来源：笔者根据208家企业调研数据采用SPSS 17.0软件计算整理而得。

效度分析采用因子分析对测量量表的结构效度进行验证。KMO检验和 Bartlett 检验结果，见表 6 – 3。凯 – 梅悦 – 欧凯因（Kaiser-Meyer-Olkin，KMO）值为 0.888，且巴特莱特（Bartlett）的球形度检验显著概率均为 0.000（P <0.010），可以进行因子分析。问卷中的每个题项，都唯一对应着一个主成分。具体地，题项 A1 ~ 题项 A4 归属于成分 5（产学研合作供给型政策因子），题项 B1 ~ 题项 B3 归属于成分 6（产学研合作需求型政策因子），题项 C1 ~ 题项 C4 归属于成分 4（产学研合作环境型政策因子），题项 D1 ~ 题项 D5 归属于成分 3（企业—大学人际互动因子），题项 E1 ~ 题项 E5 归属于成分 2（企业—大学任务互动因子），题项 F1 ~ 题项 F6 归属于成分 1（企业创新绩效因子）。这说明，本次调查的问卷具有良好的结构效度。

表 6 – 3　　　　KMO 检验和 Bartlett 检验结果

取样足够度的 Kaiser-Meyer-Olkin 度量		0.888
Bartlett 的球形度检验	近似卡方	2 752.253
	df	351
	Sig.	0.000

资料来源：笔者根据 208 家企业调研数据采用 AMOS 24.0 软件计算整理而得。

6.4.2　产学研合作政策与企业创新绩效

产学研合作政策对企业创新绩效影响的结构方程模型拟合检验，见表 6 – 4。

表 6 – 4　　产学研合作政策对企业创新绩效影响的结构方程模型拟合检验

检测量	检测结果	评价标准	拟合度判断
χ^2/df	1.050	<3.00	符合
GFI	0.939	>0.90	符合
AGFI	0.917	>0.80	符合
NFI	0.929	>0.90	符合
IFI	0.996	>0.90	符合
TLI	0.996	>0.90	符合
CFI	0.996	>0.90	符合
RMSEA	0.016	<0.05 优秀；<0.08 良好	符合

资料来源：笔者根据 208 家企业调研数据采用 AMOS 24.0 软件计算整理而得。

产学研合作政策影响企业创新绩效的结构方程模型，包含 17 个观察变量和 4 个潜变量。判断结构模型拟合优度指数 GFI 为 0.939、调整拟合优度指数 AGFI 为 0.917、规范拟合优度指数 NFI 为 0.929、增量拟合指数 IFI 为 0.996、塔克—刘易斯指数 TLI 为 0.996、比较拟合优度指数 CFI 为 0.996、近视误差均方根 RMSEA 为 0.016。各项指标均符合标准要求，模型拟合度良好，模型被接受。

产学研合作政策对企业创新绩效影响的假设检验结果，见表 6－5。可以看出，产学研合作供给型政策工具对企业创新绩效有显著的正影响，系数为 0.398（$P<0.001$），假设 6－1a 成立；产学研合作需求型政策工具对企业创新绩效有显著正影响，系数为 0.185（$P<0.050$），即假设 6－1b 成立；产学研合作环境型政策工具对企业创新绩效有显著正影响，系数为 0.344（$P<0.001$），即假设 6－1c 成立。从系数看，产学研合作供给型政策工具对企业创新绩效影响最大，产学研合作环境型政策工具次之，产学研合作需求型政策工具最小。

表 6－5　产学研合作政策对企业创新绩效影响的假设检验结果

假设	路径关系	标准化路径系数	临界比 C. R. 值	显著性概率 P	结果
H6－1a	产学研合作供给型政策工具→创新绩效	0.398	4.948	***	支持
H6－1b	产学研合作需求型政策工具→创新绩效	0.185	2.521	0.012	支持
H6－1c	产学研合作环境型政策工具→创新绩效	0.344	4.499	***	支持

注：***、**、* 分别表示在 1%、5% 和 10% 的水平上显著。

资料来源：笔者根据 208 家企业调研数据采用 AMOS 24.0 软件计算整理而得。

6.4.3 产学研合作政策与企业—大学互动

产学研合作政策对企业—大学互动影响的结构方程模型拟合检验，见表 6－6。产学研合作政策对企业—大学互动影响的结构方程模型，包含 21 个观察变量和 5 个潜变量。结果显示，GFI 为 0.919、AGFI 为 0.896、NFI 为 0.900、IFI 为 0.987、TLI 为 0.985、CFI 为 0.987、RMSEA 为 0.025。各项指标均符合标准要求，模型拟合度良好，模型被接受。

表 6 -6　　产学研合作政策对企业—大学互动影响的结构方程模型拟合检验

检测量	检测结果	评价标准	拟合度判断
χ^2/df	1.132	<3.00	符合
GFI	0.919	>0.90	符合
AGFI	0.896	>0.80	符合
NFI	0.900	>0.90	符合
IFI	0.987	>0.90	符合
TLI	0.985	>0.90	符合
CFI	0.987	>0.90	符合
RMSEA	0.025	<0.05 优秀；<0.08 良好	符合

资料来源：笔者根据 208 家企业调研数据采用 AMOS 24.0 软件计算整理而得。

产学研合作政策对企业—大学互动影响的假设检验结果，见表 6 -7。从表中可以看出，产学研合作供给型政策工具对合作团队人际互动有显著正影响，系数为 0.344（$P<0.001$），假设 6 -2a 成立；产学研合作需求型政策工具对合作团队人际互动没有显著影响（$P=0.610>0.1$），假设 6 -2b 不成立；产学研合作环境型政策工具对合作团队人际互动有显著正影响，系数为 0.373（$P<0.001$），假设 6 -2c 成立；产学研合作供给型政策工具对合作团队任务互动有显著正影响，系数为 0.391（$P<0.001$），假设 6 -2d 成立；产学研合作需求型政策工具对合作团队任务互动没有显著影响（$P=0.298>0.1$），假设 6 -2e 不成立；产学研合作环境型政策工具对合作团队任务互动有显著正影响，系数为 0.317（$P<0.001$），假设 6 -2f 成立。即产学研合作供给型政策工具和产学研合作环境型政策工具均对企业—大学互动具有正向影响，而产学研合作需求型政策工具对企业—大学互动影响不显著。

表 6 -7　　产学研合作政策对企业—大学互动影响的假设检验结果

假设	路径关系	标准化路径系数	临界比 C. R. 值	显著性概率 P	结果
H1a	产学研合作供给型政策工具→人际互动	0.344	4.157	***	支持
H1b	产学研合作需求型政策工具→人际互动	0.040	0.510	0.610	不支持
H1c	产学研合作环境型政策工具→人际互动	0.373	4.402	***	支持
H2d	产学研合作供给型政策工具→任务互动	0.391	4.511	***	支持

续表

假设	路径关系	标准化路径系数	临界比 C. R. 值	显著性概率 P	结果
H2e	产学研合作需求型政策工具→任务互动	0.081	1.041	0.298	不支持
H2f	产学研合作环境型政策工具→任务互动	0.317	3.817	***	支持

注：***、**、*分别表示在1%、5%和10%的水平上显著。
资料来源：笔者根据208家企业调研数据采用AMOS 24.0软件计算整理而得。

6.4.4 企业—大学互动的中介作用

（1）修正模型M1。

部分中介模型M1的结构方程模型拟合检验，见表6-8。

表6-8 部分中介模型M1的结构方程模型拟合检验

检测量	检测结果	评价标准	拟合度判断
χ^2/df	1.056	<3.00	符合
GFI	0.902	>0.90	符合
AGFI	0.881	>0.80	符合
NFI	0.887	>0.90	接近
IFI	0.993	>0.90	符合
TLI	0.992	>0.90	符合
CFI	0.993	>0.90	符合
RMSEA	0.016	<0.05优秀；<0.08良好	符合

资料来源：笔者根据208家企业调研数据采用AMOS 24.0软件计算整理而得。

修正模型M1的结构方程模型的GFI为0.902、AGFI为0.881、NFI为0.887、IFI为0.993、TLI为0.992、CFI为0.993、RMSEA为0.016。修正模型M1的结构方程模型，见图6-2，各项指标均符合标准要求或接近标准要求，模型成立。

修正模型M1的假设检验结果，如表6-9所示。可以得出，产学研合作供给型政策和产学研合作环境型政策对合作团队人际互动有显著作用，系数分别为0.351（$P<0.001$）和0.388（$P<0.001$）；产学研合作供给型政策和产学研合作环境型政策对合作团队任务互动也具有显著作用，系数分别为0.404（$P<0.001$）和0.347（$P<0.001$）；企业—大学人际互动和企业—大学任务互动对企业创新绩效有显著作用，系数分别为

0. 250（P <0. 05）和 0. 276（P <0. 001）；产学研合作供给型政策、产学研合作需求型政策和产学研合作环境型政策对企业创新绩效有显著影响，系数分别为 0. 203（P <0. 050）、0. 156（P <0. 050）和 0. 162（P <0. 050）。

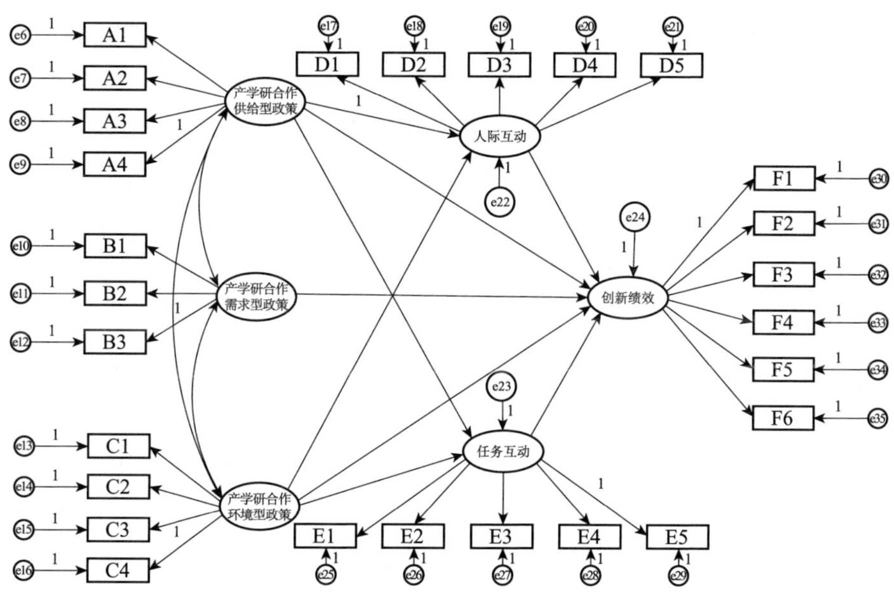

图 6 -2　修正模型 M1 的结构方程模型

资料来源：笔者根据 208 家企业调研数据采用 AMOS 24. 0 软件计算整理绘制而得。

表 6 -9　　　　修正模型 M1 的假设检验结果

结构路径	标准化路径系数	标准误差 S. E. 值	临界比 C. R. 值	显著性概率 P
产学研合作供给型政策→合作团队人际互动	0. 351	0. 120	4. 257	***
产学研合作环境型政策→合作团队人际互动	0. 388	0. 081	4. 791	***
产学研合作供给型政策→合作团队任务互动	0. 404	0. 121	4. 612	***
产学研合作环境型政策→合作团队任务互动	0. 347	0. 077	4. 319	***
企业—大学人际互动→企业创新绩效	0. 250	0. 094	3. 126	0. 002
企业—大学任务互动→企业创新绩效	0. 276	0. 100	3. 395	***
产学研合作供给型政策→企业创新绩效	0. 203	0. 139	2. 477	0. 013
产学研合作需求型政策→企业创新绩效	0. 156	0. 070	2. 297	0. 022
产学研合作环境型政策→企业创新绩效	0. 162	0. 095	2. 007	0. 045

注：***、**、* 分别表示在 1%、5% 和 10% 的水平上显著。

资料来源：笔者根据 208 家企业调研数据采用 AMOS 24. 0 软件计算整理而得。

（2）中介效应检验结果。

变量间影响效应分解结果，如表6-10所示。以企业—大学人际互动作为中介变量时，从产学研合作供给型政策到企业创新绩效的直接影响、间接影响和总体影响分别为0.203、0.088和0.291，说明企业—大学人际互动在产学研合作供给型政策和创新绩效之间起到了部分中介作用，假设6-3a成立；产学研合作需求型政策对企业创新绩效没有间接影响，假设6-3b不成立；从产学研合作环境型政策到企业创新绩效的直接影响、间接影响和总体影响分别为0.162、0.097和0.259，说明企业—大学人际互动在产学研合作环境型政策工具和创新绩效之间起到了部分中介作用，假设6-3c成立。

表6-10　变量间影响效应分解结果

变量	企业创新绩效（以企业—大学人际互动为中介变量）			企业创新绩效（以企业—大学任务互动为中介变量）		
	直接影响	间接影响	总体影响	直接影响	间接影响	总体影响
产学研合作供给型政策工具	0.203	0.088	0.291	0.203	0.112	0.315
产学研合作需求型政策工具	0.156	—	0.156	0.156	—	0.156
产学研合作环境型政策工具	0.162	0.097	0.259	0.162	0.096	0.258

注：***、**、*分别表示在1%、5%和10%的水平上显著，“—”表示无数据。
资料来源：笔者根据208家企业调研数据采用AMOS 24.0软件计算整理而得。

以企业—大学任务互动作为中介变量时，从产学研合作供给型政策到企业创新绩效的直接影响、间接影响和总体影响分别为0.203、0.112和0.315，说明企业—大学任务互动在产学研合作供给型政策和创新绩效之间起到了部分中介作用，假设6-3d成立；产学研合作需求型政策对企业创新绩效没有间接影响，假设6-3e不成立；从产学研合作环境型政策到企业创新绩效的直接影响、间接影响和总体影响分别为0.162、0.096和0.258，这说明，企业—大学任务互动在产学研合作环境型政策和创新绩效之间起到了部分中介作用，即假设6-3f成立。

6.5　结论与启示

6.5.1　研究结论与讨论

本书在文献综述基础上构建了产学研合作政策、企业—大学互动和企业创新绩效模型，并以208家企业调研数据实证研究得出了以下三个结论。

第一，产学研合作供给型政策、产学研合作环境型政策和产学研合作需求型政策均正向影响企业创新绩效，研究结果与吉鲁等(Giroud et al.，2012)、程华和钱芬芬（2013）的研究结论一致，指出创新政策促进企业绩效。其中，产学研合作供给型政策对企业创新绩效影响最大，产学研合作环境型政策次之，产学研合作需求型政策最小，可能是产学研合作需求型政策的支持力度不足，整体应用偏低。

第二，产学研合作供给型政策和产学研合作环境型政策对企业—大学人际互动和任务互动有积极作用。因此，企业应当充分利用产学研合作政策，积极开展产学研合作，提升创新能力。而产学研合作需求型政策对企业—大学的人际互动和任务互动都没有显著影响。可能是中国产学研合作需求型政策工具处于严重缺失状态（程华和王婉君，2013）。较国外而言，中国产学研合作需求型政策工具整体应用偏低，导致企业感知不足，影响了产学研合作需求型政策对企业—大学互动的作用。

第三，企业—大学人际互动和企业—大学任务互动在产学研合作供给型政策、产学研合作环境型政策与企业创新绩效之间起到部分中介作用，而企业—大学人际互动和企业—大学任务互动在产学研合作需求型政策与企业创新绩效之间无中介作用。因此，企业在与大学合作时，应充分重视与合作大学的互动过程，具体表现为人际层面的及时沟通、资源协调、相互信任、减少冲突、目标一致等，和任务层面的制订计划、了解职责、共享信息、彼此监督和责任主导等。

6.5.2 不足与展望

研究资源和时间上的限制及笔者研究能力有限等，因此，本章尚存在一些需在未来改进的地方。首先，本章调研地点主要在东部沿海地区，因此，研究结果可能并不能代表全国的情况，未来研究可以选取中西部地区企业做研究，并进行地区间的对比分析；其次，本章关于企业—大学互动变量的问卷题项是在学习、借鉴已有的关于团队互动的成熟问卷基础上设计的，而专门针对产学研合作团队互动、企业—大学互动的问卷非常缺乏，有可能会造成企业—大学互动的量化误差，未来研究应当对企业—大学互动的测量题项做更深入的探讨。

第7章 产学研合作政策、协同创新能力与企业经济绩效

本章在回顾产学研合作、创新政策及相关领域研究文献的基础上，基于创新政策理论和社会交易理论，构建了产学研合作政策、产学研合作治理方式、企业协同创新能力和企业经济绩效关系的概念模型。本章选取157家企业作为研究样本，运用统计软件进行实证检验。结果发现，产学研合作供给型政策、产学研合作需求型政策和产学研合作环境型政策均对企业协同创新能力、企业经济绩效具有正向促进作用，企业协同创新能力在产学研合作政策和企业经济绩效之间起到部分中介作用；产学研合作政策与企业协同创新能力之间关系的强弱受到合作治理方式的调节，契约治理方式和关系治理方式在产学研合作供给型政策、产学研合作环境型政策在企业协同创新能力影响的过程中起到正向调节作用，但在产学研合作需求型政策与企业协同创新能力之间的调节作用并不显著。

7.1 引言

产学研合作在科技成果的“输出”过程中发挥着重要作用，是推动中国科技进步和自主创新的重要手段和必由途径。当前中国创新水平不断提高，但科技与经济、市场相脱节的现象比较严重。要推动产学研各方的协同创新合作水平，仅依靠企业和大学（科研院所）的努力还不够，

需要政府宏观引导和政策支持。学研方和企业方在创新资源上具有互补性。大学（科研院所）知识扩散的需要与企业技术创新知识获取的需要，构成了协同创新的供需市场。企业要获取科技创新资源、解决系统性技术难题、实现新知识和新产品等技术产出，提升企业协同创新能力和企业经济绩效，与大学（科研院所）开展协同创新合作是有利选择。政府制定的产学研合作政策，能够为营造良好的协同创新环境、解决科学研究和市场需求脱节问题提供保障和宏观指导。同时，企业与大学（科研院所）协同创新合作必然要明确相互之间的关系，即要明确协同创新合作应采取的治理方式，才能避免不确定性，实现产学研合作效益最大化。

目前，学术界关于产学研合作政策的研究，多从演变趋势等宏观角度展开，缺乏微观视角的剖析，而且，理论研究占大多数，缺乏相应的实证研究。本章将从企业角度，通过调查问卷收集数据实证研究产学研合作政策对企业绩效的影响，以及企业协同创新能力的中介作用，为政府产学研合作政策的制定与完善提供参考依据。进一步引入企业与大学（科研院所）之间的合作治理方式，研究其对产学研合作政策与企业协同创新能力之间关系的调节作用，为企业与合作伙伴之间的合作治理方式的选择提供决策参考。

7.2 文献回顾与研究假设

7.2.1 产学研合作政策与企业协同创新能力

产学研合作政策，是技术创新政策的重要组成部分。2006 年，国务院发布的《国家中长期科学和技术发展规划纲要（2006～2020 年）》明确指出，到 2020 年中国要构建完善的产学研相结合的具有中国特色的技术创新体系，产学研合作是企业实现原始创新、集成创新、引进消化吸收再创新的重要途径。产学研合作政策并不是单一的，而是一个政策体系，是政府部门制订的一系列用于调整企业与大学（科研院所）等合作主体的关系、鼓励和促进科技创新等共同目标的实现而开展的一系列法律、法规、条例、决定等的总称。按照罗斯威尔和泽格·维尔德（1981）、程华和王婉君（2013）的观点，产学研合作政策可以分为产学研合作供给型政策、产学研合作需求型政策和产学研合作环境型政策三个维度。

佩尔绍德和库马尔（Persaud and Kumar，2002）关于协同创新能力的界定和分类得到学术界的广泛认可，即协同创新能力是指，通过综合利用已有的知识或者创造新知识来有效地挖掘新产品、新工艺和新技术的创造能力，并基于企业内部的战略、组织、文化、技术和制度将协同创新能力划分为战略研发、管理运营、知识管理和创新效率四个维度进行测量。温珂、苏宏宇和宋琦（2012）基于联盟能力理论，从产学研合作的视角，将科研机构的协同创新能力界定为科研机构在识别参与合作的企业、沟通交流和相互协调的连续互动过程中体现出来的一种组织能力，贯穿在双方合作关系的建立、执行到产生创新绩效的整个管理过程中。本章采用佩尔绍德和库马尔（2002）的观点，将企业协同创新能力分为战略研发、管理运营、知识管理和创新效率四个维度进行研究。

产学研合作是开展合作创新的有效新模式，构成了国家创新体系的核心部分，其有效开展离不开政府创造的创新机制和政策环境。改革开放以来，国家和地方各级政府相继出台了《中华人民共和国科学技术进步法》《中华人民共和国促进科学技术成果转化法》等与产学研合作相关的法律，促进了企业与大学（科研院所）的协同创新合作以及提高了企业创新能力。在产学研合作政策中，合作供给型政策是指，政府通过人财物的直接支持改善产学研合作创新相关要素的供给，从而推动产学研合作技术创新和新产品的开发，具体包含财政支持、人力支援和科技信息支援等政策工具，主要体现了政府对产学研合作创新活动的推动作用；

产学研合作需求型政策是指，通过政府采购、贸易管制等一系列创造需求的措施和干预市场的措施减少市场发展的不确定性，积极开拓能够拉动产学研合作创新和新产品开发的新技术应用市场，具体包括，合约研究、合约采购等创造需求的政策工具和技术标准。贸易管制等干预市场的政策工具，主要体现了政府对产学研合作创新活动的拉动作用；产学研合作环境型政策是指，政府通过财税制度、法规管制等影响产学研合作创新的环境因素，间接促进产学研合作创新以及新产品的开发，具体包括基础设施建设、税收优惠、知识产权保护和激励制度等。

很多研究证实了创新政策对企业创新能力的正向影响作用，德雷耶和约根森（Drejer and Jorgensen，2005），索格伦、温森特和奥特奎斯特（Thorgren，Wincent and Ortqvist，2009）等都强调了政府政策对企业协同创新的重要性；宋丽思（2008）研究指出，创新型国家政策保证了企业自主创新能力的提升，其中，健全的知识产权保护制度尤为重要；李卫红（2009）研究证实，在区域创新系统中政府的创新政策对中小企业的创新能力有显著的正向影响作用；解学梅（2015）通过问卷数据实证分析了政府的支持政策能够显著推动企业与大学、企业与科研院所之间的协同创新，并且，政策机制的改善有利于促进企业获取政府的资金支持等优惠政策。

基于以上分析，针对产学研合作供给型政策、产学研合作需求型政策和产学研合作环境型政策三个维度与企业协同创新能力的关系，提出以下假设。

假设7－1a：产学研合作供给型政策与企业协同创新能力呈显著正相关关系。

假设7－1b：产学研合作需求型政策与企业协同创新能力呈显著正相关关系。

假设7－1c：产学研合作环境型政策与企业协同创新能力呈显著正相关关系。

7.2.2　协同创新能力与企业经济绩效

近年来，创新绩效、知识转移绩效及其对企业竞争力的影响等产学研合作的效果，成为研究热点。研究的出发点不同，导致企业经济绩效存在不同的含义，形成了产业组织理论、新制度理论和社会资本理论三大企业经济绩效流派。产业组织理论主要从研究产业内部各企业结构这一微观角度探讨其与企业绩效的关系，强调了企业结构通过资源配置等行为对企业经济绩效发挥作用。与产业组织理论不同，新制度经济学理论从宏观视角探讨了企业经济价值的增长问题，证实了企业制度是影响企业经济绩效的关键因素，当企业提供足够的员工激励时会带来资源的合理配置和高效利用，从而降低交易成本，提升企业经济绩效。社会资本理论是指，从社会资本视角研究其对企业经济绩效的影响，贺远琼、田志龙和陈昀（2005）证实了社会资本对企业经济绩效有显著提升的作用。本章主要结合产业组织理论和新制度经济学理论，针对企业一定时期的经济绩效，采用瑞纳滋、科瑞福和郝约尔（Reinartz，Krafft and Hoyer，2004）对企业经济绩效的定义，本企业的市场占有率、顾客满意度和盈利能力。

企业的协同创新能力是一种整体战略能力。在产学研合作、技术创新迅猛发展的时代，企业的协同创新能力对企业创新和企业经济绩效的影响作用越发显著。中外文文献对企业协同创新能力与企业经济绩效关系的实证研究相对较少，研究较多的是协同创新与企业创新绩效的关系。解学梅（2010）通过发放调查问卷的方式对 188 家中小型制造业企业进行研究，运用结构方程模型探讨了不同协同创新网络和企业创新绩效的关系。程华和王婉君（2013）对浙江省企业的研究，证实了企业创新能力对企业财务绩效和市场绩效有促进作用。基于以上分析，提出以下假设。

假设 7 -2：企业协同创新能力与企业经济绩效呈显著的正相关关系。

7.2.3 合作治理方式的调节作用

产学研合作的目的在于创新，本质上是各主体之间的一种社会交易行为。基于社会交易理论，学术界对企业与大学（科研院所）间的协同创新合作采用何种治理方式才能更加有效地进行技术创新展开探讨。产学研合作过程中，往往存在事前专用性投入和协调成本等问题，基于此，黄劲松（2015）利用社会交易理论探讨了企业方和学研方通过信任和契约开展协同创新合作的机制及该合作治理模式的外部约束条件，并讨论了政府介入产学研双边治理模式的路径。合作治理方式是指，企业与合作伙伴之间关系的治理类型。波波和曾格（Poppo and Zenger，2002）、内桑德和豪格兰（Nessand and Haugland，2005）通过对合作治理结构的研究，比较一致地将合作治理方式分为契约治理方式和关系治理方式两种类型。

契约治理方式以市场契约为基础，是一种正式的合作方式，强调使用高强制性的、具有法律约束效力的协议或者合同来治理企业与大学（科研院所）之间的合作关系。交易双方签订契约意味着，事先约定了交易过程中双方的责任、违背所签契约会受到的惩罚，能在很大程度上抑制产学研合作各方从事机会主义行为的意愿和能力，在一定程度上减少双方冲突的机会，确保合作目标实现。但是，这种治理方式构建的是一个可预期的交易环境，容易受到企业与大学（科研院所）双方自利动机、有限理性以及创新活动不确定性等因素的影响，不利于企业与大学（科研院所）间隐性知识的转移，而且代价高昂。

关系治理方式以企业与大学（科研院所）彼此间的诚信和信任为基础，是一种非正式的合作方式。交易双方的信任，表现在双方的正面期望和接受意外损失的意愿。正面期望意味着双方相信合作获得的收益能够被公平地划分，不需要花大量时间、费用去制定详尽的契约条款，能减少产学研合作事前专用性投资问题。但是，这种治理方式更多地依赖合作双方的诚信和道德约束，企业与大学（科研院所）的价值取向、知识背景等差异，会导致信任风险较大。

产学研合作本质上是一种社会交易行为，其特殊性在于交易目的是进行技术创新。产学研合作是一种长期的合作互惠行为，具有技术前景、开发结果、市场需求等的不确定性特征，参与主体的知识背景、价值取向也存在严重分歧，合作伙伴之间的信任、承诺和互利机制会影响企业的协同创新过程（Dreje and Jorgensen，2005），因而协同创新效率的高低与产学研合作采取的治理方式密切相关。

学术界不仅意识到企业与大学（科研院所）之间的合作治理方式（即基于市场契约的正式治理方式和基于信任关系的非正式治理方式）会直接影响企业的创新绩效，而且，合作治理方式还会影响企业能否与合作伙伴建立密切的合作关系（任胜钢、宋迎春和王龙伟等，2010），以及整合现有知识或者创造新知识对创造新产品、新工艺和新技术的能力产生重要影响，但相关研究还很少见。李和卡武吉尔（Lee and Cavusgil，2006）曾指出，合作治理方式对企业网络能力和创新绩效关系的调节作用值得探讨和检验；薛卫等（2010）的研究证实了合作治理方式中关系治理对合作绩效有显著提升作用，而契约治理对合作绩效的影响呈倒“U”形。王辉（2012）研究证实，契约和关系合作治理方式在网络能力与产品创新价值链关系中具有正向调节作用。

基于以上分析，将契约和关系两种不同的合作治理方式纳入产学研合作政策对企业协同创新能力影响的研究中，提出以下假设。

假设 7 –3a：契约治理方式对产学研合作供给型政策与企业协同创新能力的关系有正向调节作用。

假设 7 –3b：契约治理方式对产学研合作需求型政策与企业协同创新能力的关系有正向调节作用。

假设 7 –3c：契约治理方式对产学研合作环境型政策与企业协同创新能力的关系有正向调节作用。

假设 7 –3d：关系治理方式对产学研合作供给型政策与企业协同创新

能力的关系有正向调节作用。

假设 7－3e：关系治理方式对产学研合作需求型政策与企业协同创新能力的关系有正向调节作用。

假设 7－3f：关系治理方式对产学研合作环境型政策与企业协同创新能力的关系有正向调节作用。

7.2.4 模型构建

综合前文内容，本章提出产学研合作政策、合作治理方式、企业协同创新能力和企业经济绩效之间的理论假设模型，即产学研合作政策的三维度（产学研合作供给型政策、产学研合作需求型政策和产学研合作环境型政策）均对企业经济绩效有直接影响，企业协同创新能力在二者的关系中起部分中介作用，同时，合作治理方式的两个维度（契约治理方式和关系治理方式）对产学研合作政策和企业协同创新能力的关系起调节作用，理论假设模型，如图 7－1 所示。

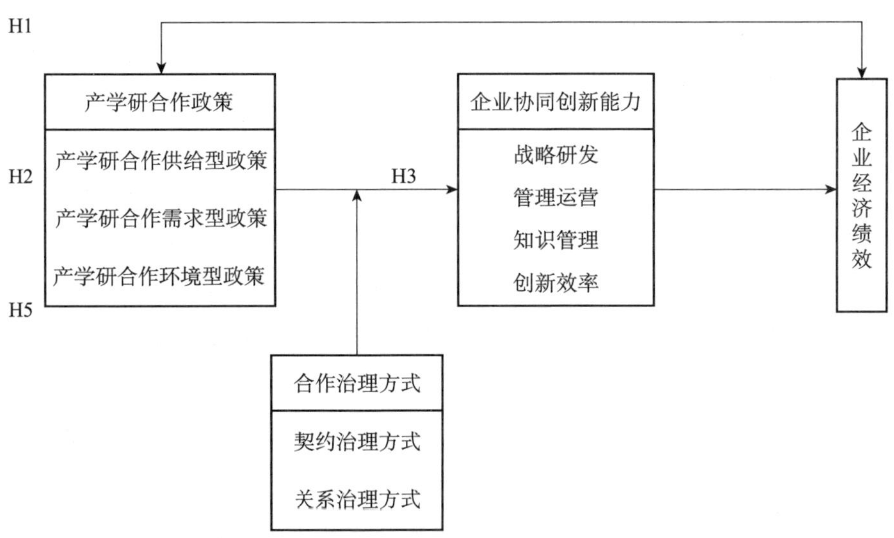

图 7－1 理论假设模型

资料来源：笔者绘制。

7.3　研究设计

7.3.1　问卷设计

问卷分为基本信息、产学研合作政策、企业协同创新能力、合作治理方式和企业经济绩效五部分，其中，基本信息采用一般性的选择题，其余四部分均严格采用五级李克特（Likert）量表的形式进行。

7.3.1.1　基本信息

根据研究需要，基本信息包括个人职务、企业名称、企业年龄、所属行业、企业性质和企业规模六个题项。本章以基本信息中的企业年龄、所属行业和企业规模作为控制变量，在实证分析时，为便于量化，将企业年龄大小以 1（1 年以下）、2（1 ~ 5 年）、3（6 ~ 10 年）、4（10 年以上）计分；所属行业中科技型企业计 1 分，其他企业计 0 分；企业规模也以 1（50 人及以下）、2（51 ~ 100 人）、3（101 ~ 500 人）、4（500 人以上）计分分析。

7.3.1.2　变量测量

基于文献研究，提出变量测量的题项，产学研合作政策的测量量表，见表 7 – 1。

表 7 – 1　产学研合作政策的测量量表

变量	类型	题项	资料来源
产学研合作政策	供给型政策	A1. 在产学研合作研发经费资助政策下，本企业的创新活动可获取足够的资金支持 A2. 在产学研合作人力资源政策下，本企业能招募到所需的人才 A3. 在产学研合作科技信息支持政策下，本企业在技术发展方面能获得充分支持	罗斯威尔和泽格维尔德（1981）；沈冲杰（2007）；李卫红（2007）

续表

变量	类型	题项	资料来源
产学研合作政策	需求型政策	A4. 产学研合作方面的采购政策对本企业的运营有帮助 A5. 政府在产学研合作方面制定的相关技术标准对本企业的运营有帮助 A6. 政府制定的产学研合作方面的贸易管制政策有利于本企业的运营发展	罗斯威尔和泽格维尔德（1981）；沈冲杰（2007）；李卫红（2007）
	环境型政策	A7. 产学研合作方面的基础设施建设政策保证了本企业创新活动所需的信息基础设施 A8. 产学研合作方面的奖励政策，本企业能享受到有利于企业发展的税收优惠 A9. 在产学研合作的知识产权方面，政府制定了完善的保护政策	
合作治理方式	契约治理方式	C1. 在与其他单位协同创新时，本企业会与合作伙伴签订正式协议	克拉罗、哈格莱尔和奥姆塔（Claro，Hagelaar and Omta，2003）、德克（Dekker，2008）
		C2. 若遇到矛盾，本企业会与合作伙伴通过法律手段来解决	
		C3. 本企业与合作伙伴的合作模式完全是协议约定好的	
	关系治理方式	C4. 本企业通过彼此间的信任和道德约束建立合作伙伴关系	
		C5. 本企业与合作伙伴的矛盾通过交流和沟通来解决	
		C6. 本企业与合作伙伴建立的是长期的、紧密的关系	
企业协同创新能力	战略研发	B1. 在协同创新的过程中，本企业有较强的研发主动性	佩尔绍德和库马尔（2002）；解学梅（2015）；奉小斌和陈丽琼（2015）
		B2. 在协同创新的过程中，本企业有比较多的研发项目	
		B3. 在协同创新的过程中，本企业承担的复杂项目比较多	
	管理运营	B4. 在协同创新的过程中，本企业的产品质量比较高	
		B5. 在协同创新的过程中，本企业的生产工艺比较先进	
		B6. 在协同创新的过程中，本企业研发资源的利用效率高	
	知识管理	B7. 在协同创新的过程中，本企业的创新成功率高	
		B8. 在协同创新的过程中，本企业的创新团队能力比较强	
		B9. 在协同创新的过程中，本企业获取研发资源的渠道比较多	
	创新效率	B10. 在协同创新的过程中，本企业新产品的研发成本比较低	
		B11. 在协同创新的过程中，本企业新产品的研发周期比较短	
		B12. 在协同创新的过程中，本企业新产品的科技含量比较高	
企业经济绩效	D1. 与行业内的主要竞争对手相比，本企业近几年的销售收入呈增长趋势		斯潘尼斯和力卡斯（Spanos and Lioukas，2001）；李剑力（2009）；蔡莉等（2010）
	D2. 与行业内的主要竞争对手相比，本企业近几年的市场占有率不断提高		
	D3. 与行业内的主要竞争对手相比，本企业近几年的年净利润率呈增长趋势		

资料来源：笔者根据相关资料整理而得。

7.3.2　样本与数据来源

在对问卷量表进行设计、访谈修改和小样本测试信度后，开始进行大样本的调研工作。本章调研对象为与大学（科研院所）开展产学研合作创新活动的企业，因此，调查问卷的发放对象为开展产学研合作企业的相关人员，以保证问卷数据可靠性以及研究价值。

此次问卷调查共发放问卷 240 份，剔除多个题项漏填、大部分题项答案一致等无效问卷 35 份，最终获取有效问卷 157 份，有效率为 65.42%。在有效样本中，中层管理者占比最高，为 42.68%；之后，为高层管理者，占比为 20.38%；而一般员工与基层管理者，占比分别为 17.83% 和 19.11%。企业规模用员工数量表示，在有效样本中 500 人以上的企业最多，一共有 59 家，约占 38.00%；50 人以下的小企业和 151 ~500 人的企业所占比重均约在 19%，规模在 50 ~150 人企业的比重为 24.20%。在回收的 157 份样本中，科技型企业为 75 家，企业性质为民营的有 73 家，占比均约为 50.00%。

7.4　假设检验

7.4.1　相关性分析

各变量相关性统计分析结果，见表 7 -2。可以看出，产学研合作政策（供给型政策、需求型政策、环境型政策）与合作治理方式（契约治理方式、关系治理方式）、企业协同创新能力和企业经济绩效都存在正相关关系。

表 7 -2　　各变量相关性统计分析结果

变量	均值	标准差	1	2	3	4	5	6	7
1. 供给型政策	3.06	0.83	1						

续表

变量	均值	标准差	1	2	3	4	5	6	7
2. 需求型政策	3.03	0.68	0.412**	1					
3. 环境型政策	3.23	0.78	0.466**	0.344**	1				
4. 契约治理方式	3.09	0.63	0.395**	0.452**	0.467**	1			
5. 关系治理方式	3.31	0.60	0.340**	0.455**	0.325**	0.280**	1		
6. 企业协同创新能力	3.41	0.42	0.479**	0.457**	0.548**	0.478**	0.511**	1	
7. 企业经济绩效	2.97	0.72	0.535**	0.405**	0.494**	0.602**	0.407**	0.626**	1

注：***、**、*分别表示在1%、5%和10%的水平上显著。

资料来源：笔者根据157家企业调研数据采用SPSS 17.0软件计算整理而得。

7.4.2 回归分析

7.4.2.1 中介效应检验

企业协同创新能力在产学研合作政策（供给型政策、需求型政策及环境型政策）和企业经济绩效之间进行中介作用检验，选取企业规模、年龄与行业类别作为控制变量，根据温忠麟（2012）提出的中介效应检验方法和检验步骤，先分析自变量中的三个维度（供给型政策、需求型政策和环境型政策）对因变量的影响。

中介效应检验分析结果，见表7－3，从表中的模型1和模型2分析结果可以看出，产学研合作政策中的供给型政策、需求型政策和环境型政策都对企业经济绩效具有显著的正向促进作用。由表中的模型4和模型6可以看出，产学研合作政策中的供给型政策、需求型政策和环境型政策均对企业协同创新能力具有显著的促进作用，假设7－1a、假设7－1b和假设7－1c都得到验证。

表7－3　　中介效应检验分析结果

变量	企业经济绩效			企业协同创新能力		
	模型1	模型2	模型3	模型4	模型5	模型6
控制变量						
企业规模	0.004	0.007	－0.013	－0.005	0.027	0.030

续表

变量	企业经济绩效			企业协同创新能力		
	模型 1	模型 2	模型 3	模型 4	模型 5	模型 6
企业年龄	0.048	0.051	0.033	0.024	-0.027	-0.036
所属行业	0.156	0.175 *	0.035	0.062	0.034	0.033
自变量						
供给型政策		0.347 **		0.263 **		0.211 **
需求型政策		0.173 **		0.145 **		0.248 **
环境型政策		0.265 **		0.212 **		0.361 **
中介变量						
企业协同创新能力			0.626 **	0.398 **		
R^2	0.003	0.391	0.394	0.484	0.001	0.414
ΔR^2	-0.016	0.367	0.378	0.459	-0.018	0.390
F 值	0.162	16.050 **	24.708 **	19.945 **	0.074	17.656 **

注：*** 、** 、* 分别表示在 1% 、5% 和 10% 的水平上显著。

资料来源：笔者根据 157 家企业调研数据采用 SPSS 17.0 软件计算整理而得。

表 7 - 3 中的模型 3 显示，企业协同创新能力对企业经济绩效具有显著的影响作用，假设 7 - 2 得到验证。符合中介检验的第一步和第二步。当产学研合作政策（供给型政策、需求型政策和环境型政策）和企业经济绩效的模型中加入企业协同创新能力以后，中介变量对因变量的影响仍然显著，系数为 0.398；自变量的三个维度对企业经济绩效的回归系数都有不同程度的下降，但仍然都在 5% 的水平上显著。根据温忠麟（2012）提出的中介效应的判定方法可以得出，企业协同创新能力在产学研合作政策（供给型政策、需求型政策和环境型政策）与企业经济绩效之间起到部分中介作用。

7.4.2.2　调节效应检验

调节效应分析汇总，见表 7 - 4，以合作治理方式对产学研合作政策与企业协同创新能力之间关系的调节作用进行检验，表 7 - 4 中的模型 2、模型 3 和模型 4 显示了以契约治理方式作为调节变量的多元线性回归结果。

表 7－4　　　　调节效应分析汇总

变量		企业协同创新能力							
		模型 1	模型 2	模型 3	模型 4	模型 5	模型 6	模型 7	模型 8
控制变量	企业规模	0.027	0.030	0.007	0.021	0.045	0.063	0.044	0.042
	企业年龄	－0.007	－0.006	0.019	0.002	－0.005	0.018	0.006	－0.006
	所属行业	0.084	0.133 *	0.012	0.025	0.037	0.074 *	0.151 *	0.052
自变量	供给型政策		0.211 **		0.188 **	－0.510		0.177 **	0.791
	需求型政策		0.248 **		0.199 **	0.760 **		0.150 **	－0.254
	环境型政策		0.361 **		0.312 **	0.316		0.316 **	0.443
调节变量	契约治理方式			0.478 **	0.168 **	0.229			
	关系治理方式						0.520 **	0.286 **	0.469
交互项	供给型政策×契约治理方式交互					1.034 **			
	需求型政策×契约治理方式交互					0.055			
	环境型政策×契约治理方式交互					0.937 **			
	供给型政策×关系治理方式交互								0.909 **
	需求型政策×关系治理方式交互								0.175
	环境型政策×关系治理方式交互								0.678 *
R^2	0.001		0.414	0.229	0.433	0.461	0.269	0.475	0.487
ΔR^2	－0.018		0.390	0.209	0.406	0.424	0.250	0.450	0.452
F 值	0.074		17.656 **	11.295 **	16.234 **	12.495 **	13.987 **	19.240 **	13.867 **

注：＊＊＊、＊＊、＊分别表示在 1%、5% 和 10% 的水平上显著。

资料来源：笔者根据 157 家企业调研数据采用 SPSS 17.0 软件计算整理而得。

在表 7－4 的模型 1 和模型 2 依次引入了控制变量、自变量后，模型 4 引入了调节变量，符合学者关于调节效应验证步骤的前两部分。模型 4 在模型 3 的基础上又引入了供给型政策、需求型政策、环境型政策和契约治理方式的 3 个交互项，其中，供给型政策与契约治理方式的乘积项对企业协同创新能力的正向影响显著，环境型政策与契约治理方式的乘积项对企业协同创新能力的正向影响显著，需求型政策与契约治理方式的乘积项对企业协同创新能力的影响不显著。因此，契约治理方式对供给型政策、环境型政策与企业协同创新能力的关系有正向调节作用，验证了假设7－3a和假设7－3c，假设7－3b未得到验证。

表7－4中的模型6、模型7和模型8显示了以关系治理方式作为调节变量的多元线性回归结果。在模型1和模型2依次引入了控制变量、自变量后，模型6引入了调节变量关系治理方式，符合学者关于调节效应验证步骤的前两部分。模型8在模型7的基础上又引入了供给型政策、需求型政策、环境型政策和契约治理方式的三个交互项，其中，供给型政策与关系治理方式的交互项对企业协同创新能力的正向影响显著，环境型政策与关系治理方式的交互项对企业协同创新能力的正向影响显著，需求型政策与关系治理方式的乘积项对企业协同创新能力的影响不显著。因此，关系治理方式对供给型政策、环境型政策与企业协同创新能力的关系有正向调节作用，验证了假设7－3d和假设7－3f，假设7－3e未得到验证。

7.5 结论与讨论

7.5.1 研究结论

本章基于对157家有产学研合作活动的企业进行调研，实证分析了以合作治理方式为调节的产学研合作政策、企业协同创新能力与企业经济绩效的关系，主要得到以下三点结论。

（1）产学研合作政策中的供给型政策、需求型政策和环境型政策三个维度，都对企业协同创新能力和企业经济绩效的提高有促进作用。其中，供给型政策与企业经济绩效的相关性最强，环境型政策与企业协同创新能力的相关性最强。

（2）企业经济绩效的提高与企业协同创新能力的提高密切相关。同时，产学研合作政策不仅直接影响企业绩效，还会通过企业协同创新能力间接影响企业的经济绩效，即企业协同创新能力在产学研合作政策和企业经济绩效之间起到了部分中介作用。

（3）产学研合作政策与企业协同创新能力之间关系的强弱，受到合作治理方式的调节。其中，契约治理方式和关系治理方式均对供给型政策与企业协同创新能力之间产生正向调节作用，但对需求型政策与企业协同创新能力关系的影响不显著。原因在于，不同的政策工具所包含的具体政策措施差异明显，需求型政策包含政府采购合约、制定的技术标准等措施。这些政策作用的发挥，受企业与大学（科研院所）等协同创新能力的影响不明显。

7.5.2 研究不足与未来展望

尽管本章取得了一些理论方面及实践方面的结论，但因为多方面因素的限制，所以，还存在一些不足之处。例如，调查样本规模偏小，且样本来源和样本范围不够全面，研究结论的推广还需要进一步进行大样本验证；问卷设计中战略研发、管理运营、知识管理和创新效率等部分维度的问题项是由访谈内容整理而成的，需要对量表的信度和效度进行进一步检验；本章在探讨产学研合作政策与企业经济绩效的关系时，将企业协同创新能力作为中介变量，未来研究可考虑其他中介变量是否也起到同样的作用。

第 8 章　产学研合作、科技成果转化与政府作用

技术转移是跨越科技创新成果“死亡之谷”的重要路径。技术转移是推动科技成果转化，促进区域科技资源优化配置，提升科技创新能力的重要手段。分别从政府资助政策、产学研合作和创新资源视角分析成果转化。最后，从建立市场导向的科研立项机制，加强重大科技攻关项目跟踪服务，推进“互联网 +”技术转移，建立技术成果信息库，改革科技成果转化体制机制等方面提出相关对策建议。

8.1　政府研发补贴与科技成果转化

近年来，国家相继出台了促进科技成果转化的政策和措施，带动了技术中介服务、技术培训服务、技术咨询等为主要方式的科技服务业的发展，促进技术转移明显加速，为促进经济转型与经济升级提供了重要支撑，有效地带动了经济的快速发展。

2018 年，全国技术合同成交额占全社会研发（R&D）经费的比重由 2017 年的 76.25% 提高到 2018 年的 90.03%。北京市、上海市和广东省成交额居全国前三位。2018 年，北京市输出技术合同成交额为 4 957.82 亿元，占全国技术合同成交总额的 28.01%，保持全国第一。

在科技成果转化中，获得政府研发补贴的科技计划项目在成果转化中的作用越来越大。中国各类科技计划项目成交技术合同情况，见表 8 – 1，

2015 年的增长速度为 10.9%，2016 年和 2018 年的递增速度接近 30%。

表 8－1　　中国各类科技计划项目成交技术合同情况

年份	成交技术合同项数（项）	成交额（亿元）	增长率（%）
2014	41 239	1 331.83	12.01
2015	48 469	1 476.97	10.90
2016	42 551	1 914.80	29.64
2017	48 610	2 124.11	10.93
2018	55 813	2 728.91	28.47

资料来源：笔者根据 2019 年全国技术市场统计年报［M］. 北京：兵器工业出版社，2019：1－3 的相关数据计算整理而得。

2018 年，政府资助的各类科技计划项目成交总量大幅增加。各类科技计划项目成交技术合同 55 813 项，成交额为 2 728.91 亿元，比 2017 年增长 28.47%。

上述分析充分说明，政府研发资助促进了科技成果转化，政府在研发投入产出、促进科技成果转化、提升创新能力方面起着非常重要的作用。

8.2　产学研合作创新与科技成果转化

产学研合作创新正在成为突破资源限制和实现创新的一种方式（Hoang and Rothaermel，2005；Okamuro，2007），大学和工业界的合作有许多好处。从企业角度来看，大学通过正式互动和非正式互动成为知识提供者（Perkmann and Walsh，2009），获得大学研究基础设施和专业知识（Caloghirou et al.，2003），紧跟学术研究前沿（OECD，2002）。

刘珊珊（2013）以知识吸收能力作为中介变量，研究产学研合作对企业创新绩效的影响，指出组织间互动可以有效地提高企业知识吸收能力，而企业知识吸收能力又促进其创新绩效的提升。雅琼（2016）通过问卷数据，运用结构方程模型，得出产学研合作的广度和深度对企业技术创新能力具有正向影响的结论。吴伟、吕旭峰和余晓（2013）研究中国的部属大学产学研合作情况，发现合作专利总数呈现快速增长态势，但是，合作深度并没有显著提高。黄劲松和刘勇（2013）构建了影响大学科研人员参与产学研合作倾向的因素模型，发现除了职业经历等研究人员的个体因素外，政府引导、大学鼓励政策和相互信任等因素，也会对大学科研人员参与产学研合作的倾向产生显著影响。

2015 年,《中华人民共和国促进科技成果转化法》的颁布，赋予了国家设立的大学、科研院所科技成果使用权、处置权和收益权，强化了市场导向的研发机制和对科研人员的激励机制。大学、科研院所进一步完善内部成果转化机制，落实国家政策，使得大学和科研院所技术交易活跃，政策实施效果显现。

2017 年，大学与科研院所共签订技术合同104 836 项，成交额为 1 222.59 亿元，增幅为 14.77%。其中，科研院所技术合同成交额为 866.76 亿元，同比增长 22.91%。①

对浙江省 244 所大学和科研院所的调查显示，有 164 家（包括 69 所大学和 95 家科研院所）在 2016 ~2017 年实现科技成果转化。其中，大学科技成果转化活跃度明显优于科研院所。大学实现科技成果转化 10 996 项，转化金额为 28.3 亿元，占浙江省科技成果转化金额的 65.2%。科研院所签订科技成果转化合同为 15 857 项，转化金额为 15.1 亿元，占浙江省科技成果转化金额的 34.8%。大学科技成果转化主要集中在本科院校。

科技成果转化主要通过产学研合作方式开展。② 科技成果主要以转让方式、许可方式、作价投资方式和产学研合作方式实现转化。2017 年，大学和科研院所签订技术开发项目合同、咨询项目合同、服务项目合同共 26 071 项，合同金额为 40.5 亿元，分别占浙江省科技成果转化的

① 2018 年全国技术市场统计年度报告［M］. 北京：兵器工业出版社，2018.

② 浙江省高校和院所科技成果转化统计分析，http://www.most.gov.cn/mostinfo/index.htm?r-url =./xinxifenlei/kjtjyfzbg/kjtjbg/。

97.1%和93.4%。以转让方式、许可方式、作价投资方式转化科技成果金额分别仅占浙江省科技成果转化的3.0%、1.6%和2.0%。其中，大学签订产学研合作项目为10 350项，实现转化金额为26.6亿元，分别占大学成果转化总数的94.1%和94.3%；科研院所签订产学研合作项目为15 721项，合同金额为13.8亿元，分别占科研院所科技成果转化的99.1%和91.8%。①

但是，从全国层面看，大学和科研院所技术转移动力不足，技术转移程度依然处于较低水平。以2016年上海市大学和科研院所，作为买方，吸纳技术占全部技术合同数量的8.2%，成交金额的2%；作为卖方，输出技术占全部技术合同数量的30.3%，成交金额的7.1%。大学与企业的产学研合作相对更为紧密。大学和科研院所主要是作为技术的提供方，与企业开展产学研合作。但以占技术市场输出金额不到10%的比例来看，大学和科研院所的技术转移程度依然处于较低水平（马鹏晴，2018）。

8.3 创新资源与成果转化

2018年，浙江省区域创新能力居全国第五位，在全国各地区技术合同交易成交额排名中，浙江省技术输出和技术吸纳的交易额分别为590.66亿元和717.67亿元，排名分别位于第10位和第7位。②

区域创新能力排名第六的山东省，技术输出交易额为819.95亿元、技术吸纳交易额为938.70亿元，排名分别位于第8位和第4位。③

比较发现，2018年浙江省研发人员与经费投入皆小于山东省，创新产出大于山东省，即浙江省创新投入产出效率比山东省高，浙江省的技

① 浙江省高校和院所科技成果转化统计分析，http://www.most.gov.cn/mostinfo/index.htm?r-url=./xinxifenlei/kjtjyfzbg/kjtjbg/。

②③ 2019年全国技术市场统计年报［M］．北京：兵器工业出版社，2019：20.

术合同交易额却低于山东省。截至 2018 年底，浙江省拥有国家级科技企业孵化器 68 家，国家备案众创空间 119 家，国家技术转移机构 27 家，普通大学 109 所。2018 年浙江省与山东省科技创新活动主要指标对比，见表 8 - 2。

表 8 - 2　　2018 年浙江省与山东省科技创新活动主要指标对比

类别	指标	浙江省	山东省	比较
科技创新投入指标	地方一般预算科技支出（亿元）	379.66	232.74	+
	R&D 经费投入情况（亿元）	1 445.69	1 643.33	—
	R&D 人员投入情况（万/人年）	45.80	50.93	—
科技创新产出指标	专利申请受理量（件）	455 526	238 795	+
	其中：发明专利（件）	143 064	75 817	+
	专利申请授权量（件）	284 592	132 382	+
	其中：发明专利（件）	32 550	20 338	+
	技术合同登记成交额（亿元）	629.10	856.90	+
创新资源	国家级科技企业孵化器（家）	68	83	—
	国家备案众创空间（家）	119	191	—
	国家技术转移机构（家）	27	32	—
	普通大学（所）	109	145	—
	在校大学生数（含研究生）（万人）	110.20	204.08	—

资料来源：笔者根据 2019 年全国技术市场统计年报 [M]. 北京：兵器工业出版社，2019：1 - 3 的相关数据计算整理而得。

进一步对中国 10 个副省级城市技术流向情况进行比较。2017 年，浙江省杭州市技术输出和技术吸纳成交额分别位于第 9 名和第 8 名，平均规模也分别位于第 8 名和第 10 名。浙江省杭州市的技术输出额和技术吸纳额与陕西省西安市、湖北省武汉市以及四川省成都市等副省级城市比较，存在明显差距。2017 年副省级城市技术流向情况，见表 8 - 3。

表 8 - 3　　2017 年副省级城市技术流向情况

副省级城市	技术输出				技术吸纳			
	项目（项）	成交额（亿元）	成交额排名	平均规模排名	项目（项）	成交额（亿元）	成交额排名	平均规模排名
西安市	29 440	848.42	1	7	14 518	370.3	2	8
武汉市	15 648	594.91	2	3	9 246	430.27	1	1

续表

副省级城市	技术输出				技术吸纳			
	项目（项）	成交额（亿元）	成交额排名	平均规模排名	项目（项）	成交额（亿元）	成交额排名	平均规模排名
成都市	11 334	362.74	3	6	8 148	247.07	4	6
广州市	6 497	353.89	4	1	7 194	192.67	5	7
南京市	21 036	284.75	5	10	11 135	263.13	3	9
沈阳市	6 642	218.16	6	5	3 858	124.75	9	3
长春市	6 468	212.57	7	4	4 978	166.97	6	2
哈尔滨市	2 507	132.05	8	2	2 835	89.33	10	4
杭州市	8 451	121.63	9	8	7 613	134.13	8	10
济南市	5 886	84.7	10	9	4 605	139.85	7	5
合计	113 909	3 213.82			74 130	2 158.47		

资料来源：笔者根据2019年全国技术市场统计年报［M］. 北京：兵器工业出版社，2019：1-3的相关数据计算整理而得。

浙江省杭州市不仅技术交易总量偏小，技术交易平均规模也偏小。全国1 000万元以上的重大技术合同成交额快速增长，占全国技术合同成交额的76.60%。2017年，浙江省杭州市成交1 000万元以上的重大技术吸纳合同占杭州市技术吸纳成交合同总额的60.45%。

以湖北省武汉市为标杆，比较浙江省杭州市科技创新活动的主要指标发现，浙江省杭州市在资金投入上略低于湖北省武汉市，专利产出却高于武汉市，主要的差距在于创新资源上。湖北省武汉市拥有国家全市科技企业孵化器数、普通大学数、在校大学生数（含研究生）远远超过浙江省杭州市。武汉市是中国重要的科研教育基地、高等教育最发达的城市之一，大大促进了技术转移。2017年湖北省武汉市与浙江省杭州市科技创新活动主要指标对比，见表8-4。

表8-4　2017年湖北省武汉市与浙江省杭州市科技创新活动主要指标对比

类别	指标	武汉市	杭州市
科技创新投入指标	地方财政科技拨款（亿元）	112.99	92.32
	地方财政科技拨款占地方财政一般预算支出的比重（%）	6.54	5.99
	研发经费支出占GDP的比重（%）	3.5	3.15
	R&D活动人员折合全时当量（人·年）	46 000	103 245

续表

类别	指标	武汉市	杭州市
科技创新产出指标	专利申请受理量（件）	49 726	75 709
	其中：发明专利（件）	23 243	25 578
	专利申请授权量（件）	25 528	42 227
	其中：发明专利（件）	8 444	9 872
	技术合同登记成交额（亿元）	603. 2	229. 09
创新资源	国家级科技企业孵化器数（家）	31	32
	全市科技企业孵化器数（家）	230	113
	普通大学数（所）	84	39
	在校大学生数（含研究生）（万人）	107. 50	48. 41

资料来源：笔者根据 2019 年全国技术市场统计年报［M］. 北京：兵器工业出版社，2019：1 –3 的相关数据计算整理而得。

8. 4　促进科技成果转化的对策建议

8. 4. 1　完善产学研深度合作机制

（1）建立市场导向的科研立项机制。

改革重大科技专项、重点研发计划项目的立项方式和组织实施方式，建立市场导向的科研立项机制，由企业提出科技创新需求。强化转移转化绩效管理，以知识产权和科研成果的转移转化绩效为重要科技项目验收标准之一，并吸收企业科技专家参与科技项目的验证与评估。充分发挥产业技术创新战略联盟在引导领军企业、大学和科研院所合作开发共性关键技术中的作用。

（2）设立产学研合作重大科技专项。

设立产学研合作重大科技专项，支持大学、科研院所与企业开展产学研重大项目合作，研发一批核心技术和战略创新产品。鼓励企业建立研发中心、技术中心等各种高层次研发机构，鼓励高校结合自身优势，开展多种形式的产学研合作，引导企业、大学和科研院所从短期项目合作转向建立长期稳定的全面协作关系。

强化大学在产学研合作中的引领作用。发挥国家重点实验室、技术创新中心平台等在产学研合作中的聚合作用，发挥大学、科研院所在基础研究中的优势，促进创新程度高、市场前景好、成熟度高的科技成果转化。

借鉴合肥工业大学以需求导向，建立大学和地方共同推动技术、产业、资本、市场深度融合的模式，形成“成果转化＋转移中心＋公共平台＋科技金融”为一体的技术转移新模式。重点打造服务地方的产学研合作创新平台，依托大学创新资源对行业共性难题开展技术攻关。

（3）加大重大项目跟踪服务。

加大政府研发补贴力度，扩大科技成果源头供给。充分利用产学研合作、军民联动、揭榜制项目组织方式等，促进国家重大科技成果转化，依托重大科技项目在创新链、产业链上的互动，以及对产业上下游的辐射作用与带动作用，促进技术转移与技术转化。

加强对重点企业、重点项目的跟踪服务，及时更新项目库，吸纳优秀的企业和项目进入技术市场，鼓励企业进行涉及知识产权的技术交易，对涉及知识产权的重大项目技术转移给予交易额5%～10%的补贴。

8.4.2　大力推进“互联网＋”技术转移

（1）建立技术成果信息库。

推进科技成果信息在线登记和在线汇集，加强与国家科技成果库、重大科技平台的对接。利用大数据为供求双方提供现代化服务，建立技术转移项目资源库，为技术需求者快速提供各类信息。建立涵盖大学、科研院所、企业等各类主体的供需信息网络与服务资源。

升级技术转移服务领域和服务产品，通过线下项目合作和深入企业调研考察，为供需双方提供精准的定制化服务。加强投融资、知识产权、政策法规、专家人才等基础数据库建设。

（2）完善“互联网 +”技术交易。

在大力发展网上技术招投标、技术产权拍卖、技术推介等技术交易服务的基础上，应用新一代信息技术，建成集技术成果发布、审核、推介、对接、评估、签约、支付、产业化服务于一体的技术成果转移转化网上交易系统，在网上实现技术交易的全流程服务功能，促进线上交易、线下交易的结合。

（3）提供技术转移专业化服务。

成立“技术经纪人协会”，建立技术交易市场 + 技术经纪人服务体系。通过技术经纪人对项目储备对接、市场搭建平台和组织活动，将技术供方、技术需方、技术中介整合，按照创新链各个阶段的需要，集成技术、人才、政策、资金、服务等创新资源以提供服务。与国内知名机构合作，为创新创业主体提供多元化渠道及资源，促进技术交易过程中要素的有机融合。

8.4.3　培育一批科技中介机构

（1）认证一批优秀的科技中介。

大力支持科技信息中介服务机构发展，破解科技成果的供给信息和需求信息不对称问题，提高有效的技术需求信息含量。建议制定出台《杭州市技术转移示范机构认定管理办法》，认定一批优秀技术转移机构，力争到 2022 年培养 100 家拥有知名品牌的科技服务机构，引导科技中介服务机构向市场化、专业化、品牌化和规模化发展。

出台引领科技中介服务业持续健康发展的扶持政策，重点是给予资金扶持优惠或补贴。建立科技服务机构之间的共享合作与协同机制，对科技服务业进行整合规划。加大对科技服务机构的监督力度和规范力度，努力提升科技成果转化服务业的质量、能力和效率，营造良好的科技成果转化生态环境。

（2）加强技术经纪人队伍建设。

借鉴北京工业大学和中国科学院的经验，鼓励大学、科研院所筹建技术转移学院，申报技术转移硕士项目，在大学设立技术转移专业和技术转移方向硕士点，系统培养科技成果转化方面的人才。①

加强对技术中介服务机构人员的培训，对技术经纪人开展职业资格认证和注册制度。加强与国内外知名的科技中介服务机构的人才交流与合作，吸纳高素质人才加入科技服务队伍。鼓励技术经纪人深入了解行业信息，对技术需求进行挖掘、归纳、提炼，培育一批优秀的技术经纪人队伍。

（3）建设国际技术转移机构。

地方政府应支持国外机构在杭州市设立符合本市产业发展需求的技术转移机构，按服务技术交易额和科技成果转化年营业收入的20%，给予技术转移机构最高不超过500万元的工作经费补助。对于企业购买境外先进技术，经认定按照核定技术交易额给予一定比例的奖励。

8.4.4 加强与国内外主要技术输出地的合作

（1）建立大型科技成果转化对接会。

各级政府设立科技成果转化对接专项基金，每年举办几场大型科技成果转化对接会，扩大重大科技成果项目的引进。加强企业之间的交流，通过帮助产业链上的相关企业建立联合开发模式，形成联盟共同开发科技成果，建立不同层面的交流机制、合作机制，提高科技成果转移效率。

（2）根据产业特色主动对接。

按照浙江省数字经济示范省和医药强省的产业发展规划，积极拓展与中西部科技资源比较丰富地区的科技对接，加强与湖北省武汉市、陕

① 全国首个技术转移方向硕士研究生班在北京开学，科学技术部火炬高技术产业开发中心. http://www.ctp.gov.cn/kjb/hjdt/200810/996b6c595b394044aa6f4ba98b36d6f9.shtml。

西省西安市和四川省成都市等地的信息产业、先进制造业以及新材料等产业的科技成果对接。每年在北京市、武汉市、西安市和成都市召开一次大型科技成果转化对接会。

（3）聚集全球技术资源。

加强和国外先进城市企业的交流与合作，推动国际技术交流与国际技术合作。主动和美国硅谷、印度班加罗尔等地的信息企业进行对接，与美国、日本、德国、英国、瑞士的生物医药企业开展交流与合作，建立有效的合作渠道，推动产业链上下游企业建立联合开发机制，促进杭州市的数字经济、生物医药等战略性新兴产业进入全球价值链中高端。

8.4.5　改革科技成果转化体制机制

（1）成立成果转化领导小组。

强化顶层设计，成立由地方政府主要领导挂帅的科技成果转化领导小组，负责顶层设计，制定重大科技成果转化实施细则，强化对科技成果转化的统一领导，将科技成果转化提升为重大战略。

（2）科技部门内设科技成果转化部门。

借鉴武汉市科技厅内设科技成果转化局、西安市技术市场办公室等技术交易领先城市经验，成立科技成果转化部门，内设综合协调部、对接服务部、科技金融部等部门，“一对一”对接大学和科研院所的科技成果。对重大技术转移项目的技术输出方、技术吸纳方和技术成果转化中介给予专项补贴资助。

第9章　研究结论、启示与展望

9.1　研究结论

9.1.1　产学研政策的发展演变

通过对1992～2018年国家及各部委颁布的493项产学研合作政策样本分析发现，中国产学研合作政策总体上呈现上升态势。表现在中国产学研合作政策数量和政策力度上都呈上升趋势。尤其是2006年全国科技大会的召开，产学研合作政策呈现爆发式增长态势。

产学研协同创新政策涉及大学、企业、科研院所、政府、科技服务中介机构、金融机构和消费者等众多主体，需要相关部门协同推进，因此，各部门联合颁布相关政策成为一种趋势。研究显示，中国产学研政策各制定主体协同较好，促进了产学研协同创新。但是，产学研政策的权威性相较于法律法规还比较小，以明确的法律形式颁布的政策仅有四项，大多是以通知、意见、办法等行政规范性文件的形式发布。

政策主题随着产学研发展而相应变迁。在产学研合作初期，政策关键词主要围绕基础设施建设和资金投入。随着产学研合作的深化，重心转到知识产权保护、技术标准等创新环境建设上。随着产学研合作的进一步深入，国际科技合作、信息服务、政府采购、产学研创新联盟成为新的热点。

产学研合作政策及其政策工具组合，也随着产学研合作的发展而发生了一定调整和变化。政策工具逐步从政府主导的供给型政策工具转向环境型政策工具，需求型政策工具也逐渐进入政策体系。产学研合作政策工具从政府主导的人才、资金、科研基础设施等投入，转到加强环境建设，加强法规管制，重视知识产权保护等，同时，采用税收激励工具、金融支持工具等工具进行引导。具体政策工具，从重视科技基础设施建设和科技人才培育为主的政府主导型科技投入的供给型政策工具，到逐步加大税收激励和金融支持等的环境型政策工具。而产学研合作资金支持的政策工具组合，由期初的以科技资金投入为主，逐步加大金融支持并增加税收激励政策工具的使用，实现多元化资金支持体系。这表明，政府从主导型供给型政策制度，转向环境建设型政策制度，为产学研合作创造良好的外部环境。

9.1.2　影响企业吸纳技术的主要因素

通过利用浙江省杭州市企业对大学和科研院所的技术吸纳数据，探究多维距离对企业技术吸纳的影响，进一步考察了行业类型、企业规模和企业性质等因素对多维距离与企业技术吸纳关系的影响，揭示了产学研合作中大学或科研院所技术转移的主要影响因素及影响机理。

研究发现，地理距离、经济距离、技术距离和社会距离均显著地影响企业吸纳大学和科研院所的技术。其中，技术距离影响最大，即企业与大学和科研院所的技术差距越大，越有利于企业吸纳技术，促进技术转移；之后，是地理距离、社会距离和经济距离，企业倾向于吸纳远距离的大学技术和科研院所技术；企业倾向于吸纳合作过的大学技术和科研院所技术；企业倾向于吸纳经济发展水平相近地区的大学技术和科研院所技术。

规模影响企业吸纳技术。小规模企业创新能力较弱，因此，技术距离对其技术吸纳影响最大；而大规模企业创新能力较强，有较好的风险控制能力，社会距离对企业技术吸纳影响最大，即企业更倾向于吸纳合作过的大学技术和科研院所技术。

9.1.3 产学研合作政策对大学产学研合作绩效影响

在对国家、各部委及30个省（区、市）产学研合作政策量化测量的基础上，以大学知识创新链为视角，考察产学研合作政策对大学知识创造的影响作用。运用2000～2013年中国的30个省（区、市）的大学面板数据，分别以研发经费投入（产学合作经费、政学合作经费）、知识产出（论文、专利）和科技成果转让收入等指标为变量，检验产学研合作政策力度在科研投入、知识创造和知识转化链不同环节的作用，考虑政策的滞后效应；进一步分析产学研合作政策对产学合作和政学合作互动关系的门槛效应。研究显示了以下五点。

（1）产学研合作政策促进产学研合作经费投入。

产学研合作政策力度对大学来自政府的经费和来自企业的合作经费都有促进作用，政策变量对产学合作投入和政学合作投入的影响都呈倒“U”形，即存在拐点现象。政策对产学研合作经费的影响，当期作用最大，随着时间的推移，影响效果逐渐减弱。科研人员投入，也是影响产学研合作经费投入的一个重要因素。

（2）产学研合作政策促进大学知识产出。

产学研合作政策对知识产出的论文和专利影响略有差异。产学研合作政策对专利产出的影响程度，大于对论文产出的影响程度。产学研合作政策对大学专利产出的影响呈倒“U”形，但是，产学研合作政策对论文产出没有拐点。产学研合作政策对知识创造的影响也具有滞后性，滞后时间越长，影响程度越小。

（3）对大学知识创造而言，政学合作经费投入影响程度，大于产学合作经费投入影响程度。

即政府资金仍然是大学开展产学研活动的主要来源。大学政学合作经费、产学合作经费以及其他研发经费对大学专利授权数量的影响程度都大于对论文发表数量的影响程度。这在一定程度上说明，产学研合作是以行业问题为导向的，解决具体问题和应用问题，可能不利于学术出版。科研人员投入都对知识产出有显著的正向影响，即人力资本是知识创造的重要因素之一。

（4）产学研合作政策对大学知识转化有显著的正向作用。

产学研合作政策对大学知识转化收入的影响作用，呈“U”形。大学专利产出对大学知识转化有显著的正向作用，大学专利申请是大学将其创新知识转化为现实生产力的必要过程。因此，一般来说，大学专利产出促进知识转化。政学合作经费对于专利转让有显著的正向作用。

（5）产学研合作政策在影响产学合作和政学合作互动关系方面存在门槛效应。

以产学合作为主要科研活动的大学，当产学研合作政策维持在一定强度时，产学合作和政学合作之间为互补关系，随着产学研政策支持力度不断加大，当超过一个门槛值时，政学合作会对产学合作产生替代作用，存在门槛效应。而对于以政学合作为主要科研活动的大学来说，实证分析的结果显示政策的门槛效应并不存在，即以基础研究为主的大学不受门槛效应影响。

9.1.4　产学研合作政策与产学研合作效率

通过建立随机前沿分析模型测算产学研合作效率，利用 2009 ~ 2015 年中国的面板数据，探究并比较了政府研发补贴与税收激励政策工具对产学研合作效率的影响，进一步建立门槛模型，分析了政府研发补贴强度和税收激励强度对产学研合作效率的门槛效应。

政府研发补贴和税收激励对提高产学研合作效率具有重要作用，其中，政府研发补贴对提高产学研合作效率的作用大于税收激励。但是，数据显示，税收激励效果随着时间推移而逐渐提高，即从长远来看，税收激励政策将取得比较好的效果。

政府研发补贴强度对产学研合作效率具有显著的单阈值效应。

10.82%的政府研发补贴强度是一个门槛值。一个地区的政府研发补贴强度不超过10.82%时，当研发补贴每增加1%，产学研合作效率将提高0.5866%。政府研发补贴强度大于10.82%时，当政府研发补贴每增加1%时，产学研合作效率将提高0.6415%。税收激励对产学研合作效率没有门槛效应。

研发外部支出、企业规模、企业创新能力对提高产学研合作效率有一定的影响。其中，企业研发能力对产学合作效率的影响作用最大，而且，随着时间推移，创新能力对产学研合作效率的促进效果逐渐增强。企业规模对产学研合作效率也有正向作用。企业支付给大学和科研院所的研发费用，即企业产学研合作经费支出仅在一年和三年的时滞内对产学研合作效率有显著影响。产学合作程度只有在当年对合作效率有促进作用。

9.1.5 研发补贴、税收激励与不同类型产学研合作研发投入产出

利用2009～2015年《中国统计年鉴》的面板数据，研究了政府研发补贴和税收激励对大学—科研院所—产业协同创新的影响。得到以下五点结论。

（1）政府对大学、政府对科研院所、政府对企业的研发补贴政策和税收激励政策，对于中国企业的研发投入产出具有显著的正向影响。

这说明，政府在促进中国的大学、科研院所和产业之间合作方面起着重要作用。不同补贴和税收激励对产出的影响大小依次是，政府对大学、政府对科研院所、政府对企业的补贴和税收激励。政府对大学的研发补贴对大学在知识创新、知识扩散和知识技术转移等方面发挥着重要作用。

（2）政府对大学的补贴对于大学创新能力投入产出的影响，大于对科研院所的补贴对于创新能力投入产出的影响。

政府对大学的补贴对于产学合作投入的拐点，大于政府对科研院所的补贴影响产研合作投入的拐点。政府对大学的补贴对于大学产出的影响，也大于政府对科研院所的补贴对于科研院所产出的影响。可以推断，大学作为知识创造、知识传播和技术转移的主力军，在信息技术革命中发挥着越来越重要的作用。

（3）产学合作投入对产学研合作产出的影响大于政学合作投入对政学合作产出的影响。

产学合作和产研合作的目的和方向是不同的。产学合作以基础研究为主，侧重于论文和专利，产研合作以应用研究为主，侧重于新产品的技术转让和销售。因此，以合作专利的数量作为产出指标，产学合作对合作产出的影响大于产研合作是合理的。

（4）政府研发补贴和税收激励对产学研合作研发投入和产学研合作产出有不同的影响。

税收激励对企业产学研合作研发投入的影响，大于政府研发补贴。税收激励具有短期滞后效应，而政府研发补贴则没有。可以推断，对企业的研发补贴一般是针对特定的项目，而不是针对所有企业，而税收激励直接降低了所有企业的研发成本，从而较好地激励了企业产学研合作的效果，促进合作投资。然而，研发补贴对产学研合作产出的影响，要优于税收激励。这可能意味着，研发补贴对产学研合作产出的影响是迅速的，短期促进效果较好，而税收激励的影响通常在开始时很小，但长期效果往往较好。

（5）研发人员是影响产学研合作的重要因素。

研发人员对产学研合作产出的作用按降序排列为：科研院所研发人员、企业研发人员、大学研发人员。这可能与科研院所和大学的定位有关，科研院所更加市场化，主要从事应用研究和开发研究，转让研究成果。因此，科研院所的研发人员，对产学研合作产出的影响更大。大学中很多是研究型大学，主要从事基础研究、发表论文与出版专著，因此，大学研发人员对产学研合作产出的影响可能小于科研院所的研发人员。

9.1.6 产学研政策、产学互动与创新绩效

以208家产学研合作企业为研究对象，运用结构方程模型探讨了产学研合作政策对企业创新绩效的影响，以及产学互动在其中所起到的中介作用。

产学研合作供给型政策、产学研合作环境型政策和产学研合作需求型政策，均正向影响企业创新绩效。其中，产学研合作供给型政策工具对企业创新绩效影响最大，产学研合作环境型政策工具次之，产学研合作需求型政策工具最小，这可能是需求型政策工具的支持力度不足，整体应用偏低。

产学研合作供给型政策和产学研合作环境型政策对产学人际互动和产学任务互动有积极的作用。因此，企业应当充分利用产学研合作政策，积极开展产学研合作，提升创新能力。而产学研合作需求型政策对企业—大学的人际互动和任务互动都没有显著影响。中国产学研合作需求型政策工具整体应用偏低，影响了产学研合作需求型政策工具对企业—大学互动的作用。

产学人际互动和产学任务互动在产学研合作供给型政策、产学研合作环境型政策与企业创新绩效之间起到部分中介作用，而产学人际互动和产学任务互动在产学研合作需求型政策与企业创新绩效之间无中介作用。

9.2 建议与对策

9.2.1 制定产学研合作法

目前，中国关于产学研合作的专门性政策十分稀缺，应制定符合国情的产学研合作法。产学研合作政策大多分散在其他政策法规中，零散、

不系统且政策力度不强，是现阶段中国产学研合作政策的突出特点。这给政策执行者带来不便的同时，也降低了政策的可执行性。法律作为一种强制性的社会规范，对产学研合作环境及行为都有直接的调节作用，因此，应该专门制定针对产学研合作的法律法规，营造有利于技术成果转化、技术创新和技术转移的法规环境。

9.2.2　完善和优化产学研合作政策工具

在产学研合作发展初期，中国实行政府主导型政策，政府直接提供人、财、物等创新资源，促进产学研合作创新，取得了一定成效。随着产学研合作的发展和深入，政府逐渐重视产学研合作环境型政策的供给，法规管制、税收激励等政策工具迅速加强，创造了良好的产学研合作创新的外部环境。但是，需求型政策工具使用得相对较少。未来，应该优化产学研合作政策工具结构，加大需求型政策工具的供给。

对具体政策而言，产学研合作供给型政策工具是产学研合作中使用最广泛的政策工具，未来应该在科技信息支持和科技公共服务方面加大政策力度。环境型政策工具致力于构建财税、金融、法规管制、知识产权保护等创新环境，应加大对知识产权的保护。产学研合作需求型政策工具，如贸易管制工具、海外机构管理等、公共技术采购、政府外包等应该加强供给。

9.2.3　加大对大学、科研院所的研发经费投入

大学和科研院所是知识创新的主要源泉。为了促进产学研合作，提升知识原创能力，政府应该更加重视大学在国家创新体系中的作用，加大对大学研发投入的力度。鼓励大学和科研院所的基础研究，鼓励原始创新，优化资助力度，促进知识和信息的流动和共享，促进大学学术创新与成果转化，提升企业竞争力。

人力资本在知识创造和成果转让的知识创新链中发挥显著的促进作用，是影响产学研合作绩效的重要因素之一。因此，应充分发挥政策引导作用，制定相关政策重视研发人力资本的引进和培育，提高学术资源的配置效率。

9.2.4 完善研发补贴、税收激励等政策

政府对大学、科研院所和产业的补贴，都在一定程度上促进了产学研合作研发经费投入和专利产出。中国政府的研发补贴和税收激励，通过分担研发风险、降低研发成本，大大促进了产学研合作研发。产学研合作是实现知识和技术从大学向企业转移的重要途径，因此，应该加大和完善政府研发补贴和税收激励政策。税收激励可以降低企业的研发成本，在促进协同研发投入方面有成效。政府研发补贴对产学研合作产出的激励效果较好。与税收激励相比，政府研发补贴更具针对性，反应也更快，应进一步完善政策工具的设计和执行。

9.3 不足与展望

产学研合作政策与大学知识创新链涉及面广，研究具有一定复杂性。虽然基于大学视角，探讨了产学研合作政策在大学知识创新链各个环节的影响和机理，仍然有以下四点不足之处。

（1）中国缺乏专门针对产学研合作的法律、法规，大部分产学研合作政策分散在其他科技政策中，收集政策文本会有遗漏。

（2）采用客观的统计数据表达某一指标，存在代表性不足。如采用企事业资金投入的指标来衡量产学合作，虽然企事业资金投入在一定程度上反映了大学和产业合作的强度，但这一指标并不全面，如没有反映科技人员交流。未来研究可以关注不同领域的产学研合作，不同知识密

集型行业可能存在的差异，如高技术密集型产业和低技术密集型产业的差异，以制定针对性的产学研政策，提升政策制定的科学性和政策执行的有效性。

（3）有的模型还需要优化。有的模型的回归结果 R^2 值不高，表明所选的解释变量对被解释变量具有一定的解释力度，但还有大量其他影响因素未被纳入。例如，制度、组织、认知等因素，未来应该进行拓展研究，以进一步检验研究结果的普适性。

（4）由于数据可获得性限制，本书仅分析了政府研发补贴与税收激励对产学研合作发明专利的影响。政府研发补贴和税收激励对产学研合作的其他绩效指标，如销售收入、新产品销售收入、发表论文等的影响有待进一步研究。另外，倾向性得分匹配方法被广泛用于分析公共研发资金对私人研发支出和专利的影响，未来研究可以考虑加以运用。另一个有趣的未来方向是应用现代机器学习方法，而不是用一个简单的线性模型来估计政府支持的非线性影响。

附　　录

附表 1　　基于政策工具的产学研合作政策得分

指标	政策措施	赋分	评价标准
政策工具	行政手段	5	购买或保护产学研合作新产品
		4	进一步下放审批权限；简化行政程序；完善的服务系统和指导系统
		3	下放审批权限；简化行政管理程序；服务系统和指导系统近乎完善
		2	保留批准权；服务系统和指导系统成立
		1	严格的政府管制；提供的服务系统和指导系统
	财税政策	5	政府给予最大的财政支持和税收激励
		4	加大财政支持力度和税收激励力度
		3	财政支持少，税收激励少
		2	主要工具是财政手段，但没有详细说明
		1	提出了财政手段，但没有采取具体措施
	人力资源	5	更加尊重人才和知识，人才培养机制十分健全，大力鼓励大学人才进入企业
		4	尊重人才和知识，人才培养机制基本完善，鼓励大学人才进入企业
		3	尊重人才和知识，建立人才培养机制
		2	明确加强产学研的人力资源开发
		1	有人建议加强产学研的人力资源开发，但没有详细说明
	金融政策	5	通过贷款、资本、风险控制、服务和利息支持产学研，最有力的支持
		4	通过贷款、资本、风险控制、服务和利息支持产学研，很大支持
		3	某些方面支持产学研；增加金融支持
		2	从一个方面或两个方面支持产学研；鼓励金融支持
		1	已提议提供财政支持，但未详细说明

资料来源：笔者根据相关文献整理而得。

附表 2　　基于政策目标的产学研合作政策得分

指标	政策措施	赋分	评价标准
政策目标	资源供给	5	从人才、信息、资金、技术等方面提供资源，最大限度地促进产学研相关要素供给
		4	从人才、信息、资金、技术等方面提供资源，完善产学研相关要素的供给
		3	从一个方面到两个方面提供资源，完善产学研相关因素的供给
		2	已提出加强资源供应，但未详细说明
		1	仅提及资源供应
	财税政策	5	政府给予最大的财政支持和税收激励力度
		4	加大财政支持和税收激励力度
		3	财政支持少，税收激励少
		2	主要工具是财政支持，但没有详细说明
		1	提出了财政手段，但没有采取具体措施
	平台建立	5	重视科研服务平台建设，建立多种服务平台
		4	重点建设科研服务平台，建设服务平台
		3	鼓励建立产学研平台并予以重视
		2	提到并鼓励建立产学研平台
		1	只提到了产学研平台的建立
	技术创新	5	最重视技术创新，在大多数方面鼓励技术创新
		4	更加重视技术创新，多方面鼓励技术创新
		3	重视技术创新，加大投入
		2	鼓励技术创新投资
		1	仅提及技术创新

资料来源：笔者参考彭纪生、孙文祥和仲为国（2008）的相关内容整理而得。

参考文献

[1] 安同良，周绍东，皮建才．R&D 补贴对中国企业自主创新的激励效应 [J]. 经济研究，2009 (10)：87－98.

[2] 白彬，张再生．基于政策工具视角的以创业拉动就业政策分析——基于政策文本的内容分析和定量分析 [J]. 科学学与科学技术管理，2016，37 (12)：92－100.

[3] 白俊红，江可申，李婧．应用随机前沿模型评测中国区域研发创新效率 [J]. 管理世界，2009 (10)：51－61.

[4] 鲍克．市场经济中的技术创新政策 [J]. 科学学研究，1994，12 (4)：47－54.

[5] 卞元超，白俊红．政府支持、产学研协同与技术创新绩效 [J]. 南大商学评论，2017 (3)：46－74.

[6] 卞元超．政府支持、产学研协同与技术创新绩效 [D]. 南京：南京师范大学，2016.

[7] 蔡嘉伟．改革开放以来我国产学研合作政策的演变研究 [D]. 广东：华南理工大学，2013.

[8] 蔡翔，严宗光，易海强．知识供应链：概念·特征·主体 [J]. 科学管理研究，2000 (6)：12－14.

[9] 曹威麟，谭敏．社会网络视角下跨区域技术转移绩效影响因素研究——基于我国 30 个省区市关系数据的实证检验 [J]. 中国科技论坛，2012 (1)：89－95.

[10] 曹霞，于娟．市场机制和政府调控下产学研联盟稳定性研究

[J]．运筹与管理，2016，25（2）：203－213.

[11] 曹燕萍，胡谦，梁胜男．产学研合作创新：困境与出路——基于财税政策视角下的分析 [J]．湖南大学学报（社会科学版），2010（4）：67－71.

[12] 曾婧婧．泛珠三角区域合作政策文本量化分析：2004～2014 [J]．中国行政管理，2015（7）：110－116.

[13] 常爱华．产学研合作机理的哲学新释 [D]．天津：天津大学，2007.

[14] 陈凤华，汪琦．研发补贴和税收优惠对高技术产业创新效率的影响研究 [J]．科技与经济，2017，30（3）：40－44.

[15] 陈劲，阳银娟．协同创新的理论基础与内涵 [J]．科学学研究，2012，30（2）：161－164.

[16] 陈劲，杨晓惠，郑贤榕，吕萍．知识集聚：科技服务业产学研战略联盟模式——基于网新集团的案例分析 [J]．高等工程教育研究，2009（4）：31－36.

[17] 陈劲，王飞绒．创新政策：多国比较和发展框架 [M]．杭州：浙江大学出版社，2005.

[18] 陈琨，周永根，杨国梁．企业规模、政府资助强度对产学研创新绩效的影响研究 [J]．科学管理研究，2016（2）：9－12.

[19] 陈玲，杨文辉．研发税收抵扣的分配机制和政策效果 [J]．科研管理，2017，38（7）：37－43.

[20] 陈满新．产学研政策的测量、演变及绩效研究 [D]．杭州：浙江理工大学，2016.

[21] 陈明，郑旭，王颖颖．关于产学研合作中政府作用的几点思考 [J]．科技管理研究，2011，31（12）：14－17.

[22] 陈庆云．公共政策分析 [M]．北京：北京大学出版社，2006：37－39.

[23] 程华，钱芬芬．政策力度、政策稳定性、政策工具与创新绩

效——基于2000~2009年产业面板数据的实证分析［J］．科研管理，2013，34（10）：103－108.

［24］程华，王婉君．创新政策与企业绩效研究［J］．中国科技论坛，2013，1（2）：10－14.

［25］程华，王婉君．我国创新政策的演变——基于政策工具的视角［J］．未来与发展，2011，34（9）：16－19，27.

［26］程华，赵祥．企业规模、研发强度、资助强度与政府科技资助的绩效关系研究［J］．科研管理，2008（2）：37－43.

［27］程华．直接资助与税收优惠促进企业R&D比较研究［J］．中国科技论坛，2006（3）：56－59.

［28］仇冬芳，胡正平，我国省域产学研合作效率及效率持续性——基于省域面板数据和DEA-Malmquist生产率指数法［J］．技术经济，2013，32（12）：82－89.

［29］仇新明，韩锦标．英国产学研合作人才培养机制的启示［J］．中国高校科技，2018（5）：71－74.

［30］戴晨，刘怡．税收优惠与财政补贴对企业R&D影响的比较分析［J］．经济科学，2008（3）：58－70.

［31］戴小勇，成力为．财政补贴政策对企业研发投入的门槛效应［J］．科研管理，2014（6）：68－76.

［32］党兴华，弓志刚．多维邻近性对跨区域技术创新合作的影响——基于中国共同专利数据的实证分析［J］．科学学研究，2013，31（10）：1590－1600.

［33］刁丽琳．产学研合作契约类型、信任与知识转移关系研究［D］．广州：华南理工大学，2013.

［34］董芙蓉．知识转移视角下的产学研联盟内在机理研究［J］．东南大学学报（哲学社会科学版），2011，13（S1）：84－86，92.

［35］杜燕锋，于小艳．大学知识生产模式转型与人才培养模式变革［J］．高教探索，2019（8）：21－25，31.

[36] 樊霞，陈丽明，刘炜．产学研合作对企业创新绩效影响的倾向得分估计研究——广东省部产学研合作实证［J］．科学学与科学技术管理，2013，34（2）：63－69.

[37] 樊霞，何悦，朱桂龙．产学研合作与企业内部研发的互补性关系研究——基于广东省部产学研合作的实证［J］．科学学研究，2011，29（5）：764－770.

[38] 樊霞，吴进，任畅翔．基于共词分析的我国产学研研究的发展态势［J］．科研管理，2013，34（9）：11－18.

[39] 樊霞，吴进．基于文本分析的我国共性技术创新政策研究［J］．科学学与科学技术管理，2014，35（8）：69－76.

[40] 樊霞，赵丹萍，何悦．企业产学研合作的创新效率及其影响因素研究［J］．科研管理，2012，33（2）：33－39.

[41] 樊霞，任畅翔，刘炜．产学研合作与企业独立研发关系的进一步检验——基于企业 R&D 投入门槛效应的分析［J］．科学学研究，2013，31（1）：85－91，84.

[42] 范柏乃，余钧．资源投入、区域环境对高校技术转移的影响——基于 1994～2009 年我国省级面板数据的分析［J］．科学学研究，2013，31（11）：1656－1662.

[43] 方国威．政府在产学研结合模式中的角色与对策分析——以深圳市为例［D］．武汉：武汉大学，2010.

[44] 冯博，刘佳．大学科研团队知识共享的社会网络分析［J］．科学学研究，2007（6）：1156－1163.

[45] 冯锋，司尚奇，李徐伟．我国跨省区技术转移差异性分析——基于 1996～2007 年各省技术转移数据［J］．中国科技论坛，2009（11）：77－82.

[46] 冯海红，曲婉，李铭禄．税收优惠政策有利于企业加大研发投入吗？［J］．科学学研究，2015，33（5）：665－673.

[47] 冯学华．产学研合作的问题及对策［J］．研究与发展管理，

1996 (1): 23 – 27.

[48] 冯叶成，刘嘉，张虎. 政府—高校—企业协同的产学研合作模式探索与实践——以清华大学与淮安市产学研合作为例 [J]. 科技进步与对策，2012，22: 67 – 70.

[49] 高霞. 我国产学研协同创新的研究脉络与现状评述 [J]. 科学管理研究，2014，32 (5): 9 – 11.

[50] 龚玉环，王大洲. 关于大学技术转移的一个解读 [J]. 科学技术与辩证法，2005 (2): 96 – 98，104.

[51] 顾伟忠，刘兰. 我国产学研合作存在的问题及其政策研究 [J]. 北京机械工业学院学报，2006 (1): 74 – 78，86.

[52] 郭净，刘兢轶，刘改芬. 市场和政策导向对企业技术创新绩效的影响研究 [J]. 科技管理研究，2014，34 (3): 100 – 105.

[53] 何作利. 中国特色产学研合作发展历程和对策初探 [J]. 科教文汇（中旬刊），2008 (10): 283.

[54] 胡冬雪，陈强. 促进我国产学研合作的法律对策研究 [J]. 中国软科学，2013，21 (2): 154 – 174.

[55] 胡华夏，洪荭，肖露璐，刘雯. 税收优惠与研发投入—产权性质调节与成本粘性的中介作用 [J]. 科研管理，2017 (6): 135 – 143.

[56] 胡军燕，陈子虹，周明泽，等. 政府资助、产学研互动对企业创新绩效的影响——基于广东省调研数据的实证研究 [J]. 当代经济科学，2016，38 (5): 99 – 105.

[57] 胡仁杰，张光宇，刘艳，姚丽霞. 广东省产学研合作政策支撑体系创新研究 [J]. 南昌航空大学学报（社会科学版），2013，15 (4): 45 – 51.

[58] 胡书金，陈正其，刘濛. 京津冀技术势差与技术转移的内在机理分析 [J]. 宏观经济研究，2018 (5): 149 – 159.

[59] 黄炳超. 新时代我国产学研政策的演变路径、制度困境与科学对策 [J]. 职业技术教育，2019，40 (28): 25 – 29.

[60] 黄萃，苏竣，施丽萍，程啸天．政策工具视角的中国风能政策文本量化研究［J］．科学学研究，2011，29（6）：876－882，889.

[61] 黄劲松，刘勇．中国高校研究者的产学研合作倾向研究［J］．科学学研究，2013，31（11）：1649－1655.

[62] 黄劲松．产学研合作的混合治理模式研究［J］．科学学研究，2015，33（1）：69－75.

[63] 黄菁．我国地方科技成果转化政策发展研究——基于239份政策文本的量化分析［J］．科技进步与对策，2014，31（13）：103－108.

[64] 黄曼，朱桂龙，胡军燕．创新政策工具分类选择与效应评价［J］．中国科技论坛，2016（1）：26－30.

[65] 黄明东，李炜巍，黄俊．中国产学研合作发展现状及对策研究［J］．科技进步与对策，2017（19）：22－27.

[66] 黄青．产学研合作政策与高校知识创新链关系的研究［D］．杭州：浙江理工大学，2017.

[67] 黄庆德，戴强，胡登峰．基于政府角色定位的我国产学研合作促进机制研究［J］．科技进步与对策，2012，29（22）：137－139.

[68] 黄伟，吴洁，张朝宾，施琴芬，张运华．基于知识供应链的高校知识转移价值增值机理研究［J］．情报杂志，2010，29（7）：88－92.

[69] 黄西川．区域间技术转移的空间经济性实证分析［C］．中国科学学与科技政策研究会．第六届中国科技政策与管理学术年会论文集．中国科学学与科技政策研究会：中国科学学与科技政策研究会，2010：790－796.

[70] 惠青，邹艳．产学研合作创新网络、知识整合和技术创新的关系研究［J］．软科学，2010，24（3）：4－9.

[71] 江静．公共政策对企业创新支持的绩效——基于直接补贴与税收优惠的比较分析［J］．科研管理，2011，32（4）：1－8，50.

[72] 蒋勋，潘云涛，苏新宁．从文献产出透析我国官产学研合作研究发展的演变规律［J］．管理学报，2015，V. 12；No. 111（12）：81－90.

[73] 解学梅，吴永慧，赵杨．协同创新影响因素与协同模式对创新绩效的影响——基于长三角316家中小企业的实证研究［J］．管理评论，2015，27（8）：77－89.

[74] 金惠红，薛希鹏，雷文瑜．教育部直属高校产学研合作效率测度——基于非参数DEA-Malmquist指数的实证分析［J］．浙江工业大学学报：社会科学版，2014，13（3）：327－332.

[75] 金惠红，薛希鹏，缪煜锭．知识转移视角下产学研合作与创新绩效关系研究［J］．科技进步与对策，2015，32（20）：88－95.

[76] 孔淑红．税收优惠对科技创新促进作用的实证分析——基于省际面板数据的经验分析［J］．科技进步与对策，2010，27（24）：32－36.

[77] 寇胜利，焦光纯．大学技术转移问题初探［J］．东北农业大学学报（社会科学版），2007（1）：102－103.

[78] 兰赛，赵引．公共政策对企业创新投入与绩效的影响——广东高科技行业实证研究［J］．南方经济，2014（8）：27－43.

[79] 蓝晓霞，刘宝存．美国政府推动产学研协同创新的路径探析［J］．中国高教研究，2013（6）：64－68.

[80] 李翠娟，宣国良．知识供应链：企业合作知识创新的新方式［J］．科研管理，2006（3）：42－49.

[81] 李柏洲，董恒敏．基于PP-SFA的协同创新中科研院所的价值创造效率研究——以中科院12所分院为例［J］．科研管理，2017，38（9）：60－68.

[82] 李成龙，刘智跃．产学研耦合互动对创新绩效影响的实证研究［J］．科研管理，2013，34（3）：23－30.

[83] 李成龙，叶磊．互动视角的产学研合作模式与合作过程研究［J］．科技进步与对策，2011，28（24）：30－33.

[84] 李翠娟，宣国良．知识供应链：企业合作知识创新的新方式［J］．科研管理，2006（3）：42－49.

[85] 李丹，陈雅兰．浅析我国政府在推进产学研合作中的角色扮演

[J]. 引进与咨询，2003 (10)：33-35.

[86] 李风震，赵建素. 我国产学研政策要点剖析 [J]. 科技风，2008 (23)：84.

[87] 李钢. 公共政策内容分析方法：理论与应用 [M]. 重庆：重庆大学出版社，2007.

[88] 李建强，黄海洋，陈鹏. 产业技术研究院的理论与实践研究 [M]. 上海：上海交通大学出版社，2011.

[89] 李健，高杨，李祥飞. 政策工具视域下中国低碳政策分析框架研究 [J]. 科技进步与对策，2013 (21)：112-117.

[90] 李健. 产学研协同创新是产学研合作的新发展 [J]. 中国科技产业，2014 (1)：42-44.

[91] 李洁，朱佩枫，熊季霞. 江苏省产学研合作政策体系现状及政策创新研究 [J]. 科技管理研究，2011，31 (17)：49-52.

[92] 李良成，陈兴菊. 基于社会网络分析法的产学研协同创新政策研究，企业经济，2018 (6)：173-180.

[93] 李敏，陈凤珍，王元地. 我国城市技术转移双网络分析——基于高校、企业比较的视角 [J]. 软科学，2016，30 (3)：5-10.

[94] 李敏，刘雨梦，徐雨森，罗晖. 中国科协政策体系的演变历程、趋势与建议——基于2001年以来469项中国科协文件的统计分析 [J]. 中国科技论坛，2018 (2)：1-9.

[95] 李培楠，赵兰香，万劲波. 产学研合作过程管理与评价研究——美国工业/大学合作研究中心计划管理启示 [J]. 科学学与科学技术管理，2013，34 (2)：20-27.

[96] 李平，刘利利. 政府研发资助、企业研发投入与中国创新效率 [J]. 科研管理，2017 (1)：21-29.

[97] 李世超，蔺楠. 我国产学研合作政策的变迁分析与思考 [J]. 科学学与科学技术管理，2011，32 (11)：21-26.

[98] 李世超，苏竣，蔺楠. 控制方式、知识转移与产学合作绩效的

关系研究［J］. 科学学研究，2011，29（12）：1854－1864，1774.

［99］李万福，杜静，张怀．创新补助究竟有没有激励企业创新自主投资——来自中国上市公司的新证据［J］. 金融研究，2017（10）：130－145.

［100］李万福，林斌，杜静．中国 R&D 税收优惠政策的激励效应研究［J］. 管理世界，2013（6）：174－175.

［101］李阳，原长弘，王涛，陈志强．政产学研用协同创新如何有效提升企业竞争力？［J］. 科学学研究，2016，34（11）：1744－1757.

［102］李永，孟祥月，王艳萍．政府 R&D 资助与企业技术创新——基于多维行业异质性的经验分析［J］. 科学学与科学技术管理，2014，35（1）：33－41.

［103］李政，杨思莹．财政分权、政府创新偏好与区域创新效率［J］. 管理世界，2018（12）：29－42，110.

［104］连燕华，马晓光．我国产学研合作发展态势评价［J］. 中国软科学，2001（1）：54－59.

［105］廖中举，程华．企业环境创新的影响因素及其绩效研究——基于环境政策和企业背景特征的视角［J］. 科学学研究，2014，32（5）：792－800.

［106］林莉，郑旭，葛继平．产学研联盟知识转移的影响因素及促进机制研究［J］. 中国科技论坛，2009（5）：39－43.

［107］林庆藩，戴永务．产学研合作政策对校企技术合作绩效的影响研究［J］. 中国高教研究，2017（12）：71－76.

［108］林洲钰，林汉川，邓兴华．政府补贴对企业专利产出的影响研究［J］. 科学学研究，2015，33（6）：842－849.

［109］蔺洁，陈凯华，秦海波，侯沁江．中美地方政府创新政策比较研究——以中国江苏省和美国加州为例［J］. 科学学研究，2015，33（7）：999－1007.

［110］刘承良，管明明，段德忠．中国城际技术转移网络的空间格

局及影响因素［J］．地理学报，2018，73（8）：1462－1477.

［111］刘凤朝，马荣康．区域间技术转移的网络结构及空间分布特征研究——基于我国2006～2010省际技术市场成交合同的分析［J］．科学学研究，2013，31（4）：529－536.

［112］刘凤朝，孙玉涛．我国科技政策向创新政策演变的过程、趋势与建议——基于我国289项创新政策的实证分析［J］．中国软科学，2007（5）：34－42.

［113］刘凤朝，徐茜．中国科技政策主体合作网络演化研究［J］．科学学研究，2012，30（2）：241－248，174.

［114］刘和东．中国区域研发效率及其影响因素研究——基于随机前沿函数的实证分析［J］．科学学研究，2011，29（4）：548－556.

［115］刘虹，肖美凤，唐清泉．R&D补贴对企业R&D支出的激励与挤出效应——基于中国上市公司数据的实证分析［J］．经济管理，2012（4）：19－28.

［116］刘继兵，王定超，夏玲．政府补助对战略性新兴产业创新效率影响研究［J］．科技进步与对策，2014，31（23）：56－61.

［117］刘家树，菅利荣．科技成果转化效率测度与影响因素分析［J］．科技进步与对策，2010，27（20）：113－116.

［118］刘力．产学研合作的历史考察及本质探讨［J］．浙江大学学报（人文社会科学版），2002（3）：110－117.

［119］刘丽．珠．江三角洲产学研合作的政策研究［D］．广州：华南理工大学，2013.

［120］刘瑞，吴静，张冬平，沙德春，王文亮．中国产学研协同创新政策的主题及其演进［J］．技术经济，2016，35（8）：45－52，82.

［121］刘珊珊．产学研合作组织间互动行为对企业创新绩效影响实证研究［D］．成都：西南财经大学，2013.

［122］刘炜，樊霞，吴进．企业产学研合作倾向的影响因素研究［J］．管理学报，2013，10（5）：740－745.

[123] 刘学元，丁雯婧，赵先德．企业创新网络中关系强度、吸收能力与创新绩效的关系研究［J］．南开管理评论，2016，19（1）：30－42.

［124］刘媛．江苏产学研合作政策体系研究［J］．江苏科技信息，2012（6）：7－8，11.

［125］刘泽政，傅正华．地方高校技术转移影响因素分析［J］．科学管理研究，2010，28（3）：26－29.

［126］刘志迎，单洁含．技术距离、地理距离与大学—企业协同创新效应——基于联合专利数据的研究［J］．科学学研究，2013，31（9）：1331－1337.

［127］刘亭亭，吴洁，张宇洁．产学研合作中高校知识创新能力提升的动态模型构建研究——基于知识转移视角［J］．科技管理研究，2013，33（10）：92－95.

［128］柳光强．税收优惠、财政补贴政策的激励效应分析——基于信息不对称理论视角的实证研究［J］．管理世界，2016（10）：62－71.

［129］柳卸林，何郁冰，胡坤等．中外技术转移模式的比较［M］．北京：科学出版社，2012.

［130］柳卸林．从核心竞争优势看多元化经营的利弊［J］．中国软科学，1999（7）：104－107.

［131］龙静，黄勋敬，余志杨．政府支持行为对中小企业创新绩效的影响——服务性中介机构的作用［J］．科学学研究，2012，30（5）：782－788，790－792.

［132］卢章平，王晓晶．基于内容分析法的科技成果转化政策研究［J］．科技进步与对策，2013，30（11）：99－102.

［133］陆国庆，王舟，张春宇．中国战略性新兴产业政府创新补贴的绩效研究［J］．经济研究，2014，49（7）：44－55.

［134］陆燕春，张瑾瑜．区域技术吸纳效率与产业结构的空间特征及耦合关系［J］．软科学，2018，32（12）：29－34.

［135］罗泽萍．适宜技术转移的选择：中国区域空间面板模型的实

证分析［J］．经济研究参考，2012（64）：79－87.

［136］吕国庆，曾刚，顾娜娜．基于地理邻近与社会邻近的创新网络动态演化分析——以我国装备制造业为例［J］．中国软科学，2014（5）：97－106.

［137］马文聪，李小转，廖建聪．不同政府科技资助方式对企业研发投入的影响［J］．科学学研究，2017，35（5）：689－699.

［138］马文峰．试析内容分析法在社科情报学中的应用［J］．情报科学，2000（4）：346－349.

［139］马晓雅，谢祥，李志鹏，肖尤丹．高校专利权转移的网络结构和影响因素分析——基于2016年北京、江苏、陕西高校专利权转移的实证［J］．科技管理研究，2019，39（12）：132－138.

［140］马鹏晴．上海市技术市场发展的特点、问题及对策研究［J］．江苏科技信息，2018，35（17）：1－3.

［141］满海雁，陈明．论政府在“政产学研金介”战略联盟中的角色定位与功效发挥［J］．科技管理研究，2011，31（11）：17－20.

［142］牛盼强，谢富纪，董意凤．基于知识双螺旋模型的我国产学研合作技术转移机制研究［J］．科学学与科学技术管理，2010，31（5）：43－46，52.

［143］欧文·E. 休斯（Owen E. Hughes）．公共管理导论（中译本）［M］．北京：中国人民大学出版社，2007.

［144］潘谷平，章滢．高校科技成果转化的制约因素及对策探讨［J］．中国科技论坛，2001（6）：60－64.

［145］潘映伶．中国产学研合作发展的公共政策研究［D］．武汉：华中师范大学，2013.

［146］彭华涛，马龙，吴莹．推动协同创新应不断强化政府的主导作用［J］．经济纵横，2013（8）：13－17.

［147］彭纪生，孙文祥，仲为国．中国技术创新政策演变与绩效实证研究（1978～2006）［J］．科研管理，2008（4）：134－150.

［148］彭纪生，仲为国，孙文祥．政策测量、政策协同演变与经济绩效：基于创新政策的实证研究［J］．管理世界，2008（9）：25－36.

［149］秦旭，陈士俊．产学研合作教育的动力机制与政府行为研究［J］．软科学，2002（2）：57－61.

［150］［日］青木昌彦，原山优子．产学合作的发展方向［J］．技术经济与管理研究，2005（4）：8－9.

［151］任海云，聂景春．企业异质性、政府补助与 R&D 投资［J］．科研管理，2018（6）：37－47.

［152］任玉岭．改变科技成果转化率过低的认识与建议［J］．现代人才，2014（5）：34－39.

［153］芮明杰，李鑫，任红波．高技术企业知识创新模式研究——对野中郁次郎知识创造模型的修正与扩展［J］．外国经济与管理，2007，26（5）：8－12.

［154］尚倩，赵晓庆．浙江省企业创新能力及提升政策探析［J］．科技管理研究，2010，30（15）：59－62.

［155］石定寰，柳卸林．国家创新体系建设的政策意义［J］．中国科技论坛，1999（3）：3－5

［156］沈冲杰．开发区创新政策对企业创新能力及绩效影响研究［D］．杭州：浙江大学，2007.

［157］盛亚，孔莎莎．中国知识产权政策对技术创新绩效影响的实证研究［J］．科学学研究，2012（11）：1735－1740.

［158］盛小平．面向企业核心竞争力的知识价值链研究［J］．图书情报工作，2007（7）：10－13，17.

［159］施丽萍．基于内容分析法的中国科技创新政策研究［D］．杭州：浙江大学，2011.

［160］施莉莉．论大学与企业协同创新中政府的作用——基于日本大学与企业创新体制的演变［J］．高校教育管理，2015，9（3）：22－29.

［161］宋健，陈士俊．国内外产学研政策的经验及启示［J］．现代

管理科学.2008 (7): 36 - 38.

[162] 苏敬勤. 产学研合作创新的交易成本及内外部化条件 [J]. 科研管理, 1999 (5): 68 - 72.

[163] 孙福全, 陈宝明, 王文岩. 主要发达国家的产学研合作创新: 基本经验及启示 [M]. 北京: 经济管理出版社, 2007.

[164] 孙福全, 王伟光, 陈宝明. 产学研合作创新: 模式、机制与政策研究 [M]. 北京: 中国农业科学技术出版社, 2008.

[165] 孙丽文, 李娜, 刘伟. 高校技术转移模式选择的影响因素分析 [J]. 河北工业大学学报, 2008 (1): 77 - 81.

[166] 孙蕊, 吴金希, 王少洪. 中国创新政策演变过程及周期性规律 [J]. 科学学与科学技术管理, 2016 (3): 13 - 20.

[167] 孙伟, 高建, 张帏, 王德保, 冯冠平. 产学研合作模式的制度创新: 综合创新体 [J]. 科研管理, 2009, 30 (5): 69 - 75.

[168] 孙文祥, 彭纪生, 仲为国. 从引进到创新: 中国技术政策演进、协同与绩效研究 [M]. 北京: 经济科学出版社, 2007.

[169] 孙莹. 税收政策对企业创新绩效影响的实证研究 [J]. 上海市经济管理干部学院学报, 2015, 13 (4): 46 - 56.

[170] 孙玉肖, 闫莹. 大中型工业企业技术创新效率的地区差异研究——基于产学研合作视角 [J]. 武汉理工大学学报 (社会科学版), 2013, 26 (4): 557 - 563.

[171] 谈毅. 政府在产学研合作中的定位与作用机制理论模型探讨 [J]. 高校教育管理, 2015, 9 (4): 24 - 28, 34.

[172] 唐书林, 肖振红, 苑婧婷. 上市公司自主创新的国家激励扭曲之困——是政府补贴还是税收递延? [J]. 科学学研究, 2016 (5): 744 - 756.

[173] 唐志. 产学研合作创新的公共政策研究 [D]. 天津: 天津大学, 2010.

[174] 陶丹, 程迪祥. 基于博弈分析的政府介入产学研合作研究

[J]. 科技进步与对策，2009，26（24）：9－12.

[175] 陶丹. 地方高校产学研“I－U－R”协同创新机制研究[D]. 成都：西南大学，2019.

[176] 涂振洲，顾新. 基于知识流动的产学研协同创新过程研究[J]. 科学学研究，2013，31（9）：1381－1390.

[177] 汪洁，唐震，樊珍. 基于内容分析法的江苏产学研合作政策研究[J]. 科技管理研究，2015，35（16）：31－35.

[178] 汪涛，安暄. 类定量化科技政策文本分析框架构建及北京市科技政策演进分析[J]. 技术经济，2011，30（6）：15－17，34.

[179] 王海霞. 团队互动过程对团队效能的影响研究[D]. 天津：天津财经大学，2008.

[180] 王浩，梁耀明. 产学研合作绩效评价研究综述[J]. 科技管理研究，2011，31（11）：56－61.

[181] 王华统，曹光源，郭韧. 影响科技成果转化的主成分分析[J]. 运筹与管理，2003（6）：123－126.

[182] 王菁. 地理距离和技术距离对中国省际高技术产业技术溢出的影响研究[D]. 济南：山东理工大学，2011.

[183] 王晶金，刘立，王斐. 高校与国立科研机构科技成果转移转化政策文本量化研究[J]. 科学管理研究，2017（4）：24－27.

[184] 王守文，颜鹏. 基于多层次模糊综合的产学研合作区政策评价[J]. 科技进步与对策，2014，31（23）：121－126.

[185] 王嵩，王刊良，田军. 科研团队隐性知识共享的结构性要素——一个社会网络分析案例[J]. 科学学与科学技术管理，2009，30（12）：116－121.

[186] 王晰巍，靖继鹏，范晓春. 知识供应链的组织模型研究[J]. 图书情报知识，2007（2）：83－87.

[187] 王霞，郭兵，苏林. 基于内容分析法的上海市科技政策演进分析[J]. 科技进步与对策，2012，29（23）：104－107.

[188] 王晓亚，谢思全．政府参与产学研合作的沙普利值分析［J］．信息系统工程，2015（1）：142－143.

[190] 王雅琼．二元学习视角下产学研合作开放度影响企业技术创新能力的机制研究［D］．杭州：浙江工商大学，2016.

[190] 王艳，曾刚，王灏．基于知识转移视角的产学研合作模式研究［J］．科技进步与对策，2009，26（14）：4－7.

[191] 王永梅，王峥，张黎．科研院所技术转移绩效影响因素的实证研究——基于技术供给方的视角［J］．科学学与科学技术管理，2014，35（11）：108－116.

[192] 王晰巍，靖继鹏，范晓春．知识供应链的组织模型研究［J］．图书情报知识，2007（2）：83－87.

[193] 王章豹，韩依洲，洪天求．产学研协同创新组织模式及其优劣势分析［J］．科技进步与对策，2015，32（2）：24－29.

[194] 王瑞敏，刘险峰．基于知识价值链的知识管理模型研究［J］．情报杂志，2006（8）：94－96.

[195] 魏江．技术转移动因研究［J］．自然辩证法通讯，1997（3）：40－46，80.

[196] 魏勇．政府资助对产学研合作效率的影响研究［D］．杭州：浙江理工大学，2018.

[197] 吴国狄．基于社会网络分析的高校科研团队知识共享研究［D］．哈尔滨：黑龙江大学，2015（3）：11－25.

[198] 吴继文，王娟茹．中国产学研合作的产生、发展过程和趋势［J］．科技与管理，2002（4）：6－8.

[199] 吴洁，施琴芬，张运华，等．基于知识供应链的高校知识转移效率研究［J］．江苏科技大学学报（自然科学版），2009，23（2）：163－167.

[200] 吴洁，施琴芬．知识创新与转移：高校学术论文产出的效率研究［J］．科学学与科学技术管理，2008（3）：95－98.

［201］吴伟，吕旭峰，余晓．协同创新视阈下部属高校合作专利产出发展探析［J］．中国高教研究，2013（9）：12－18.

［202］吴延兵．中国哪种所有制类型企业最具创新性？［J］．世界经济，2012，35（6）：3－29.

［203］吴勇，陈通．产学研合作创新中的政策激励机制研究［J］．科技进步与对策，2011（9）：109－111.

［204］吴悦，顾新．产学研协同创新的知识协同过程研究［J］．中国科技论坛，2012（10）：17－23.

［205］夏丽娟，谢富纪，王海花．制度邻近、技术邻近与产学协同创新绩效——基于产学联合专利数据的研究［J］．科学学研究，2017，35（5）：782－791.

［206］夏火松．企业知识价值链与知识价值链管理［J］．情报杂志，2003（7）：11－12.

［207］向希尧，蔡虹．试论地理距离与社会距离对知识溢出的影响——基于专利引用研究视角［J］．外国经济与管理，2008（11）：18－26，42.

［208］肖丁丁，朱桂龙．产学研合作创新效率及其影响因素的实证研究［J］．科研管理，2013，34（1）：11－18.

［209］肖蓉．地方政府在政产学研合作中的作用研究［D］．武汉：武汉理工大学，2018.

［210］肖文，林高榜．政府支持、研发管理与技术创新效率——基于中国工业行业的实证分析［J］．管理世界，2014（4）：71－80.

［211］谢园园，梅姝娥，仲伟俊．基于创新过程观的产学研合作技术创新模式研究［J］．科技进步与对策，2012，29（15）：6－13.

［212］辛爱芳．我国产学研合作模式与政策设计研究［D］．南京：南京工业大学，2004.

［213］熊曦，窦超，关忠诚．郑海军．基于R&D经费筹集来源的工业企业技术创新效率评价［J］．2019（3）：130－137.

[214] 项志芬，郝成林，尉胜伟．内容分析法在管理研究中的应用现状及前景［J］．科技情报开发与经济，2006（18）：166－167.

[215] 徐德英，韩伯棠．地理、信息化与交通便利邻近与省际知识溢出［J］．科学学研究，2015，33（10）：1555－1563.

[216] 徐宏毅，李程，徐硼．2001—2010年中国金融业政策测量和有效性研究［J］．武汉金融，2014（1）：25－28.

[217] 徐强，鲁若愚．基础研究成果纵向转化的障碍分析及对策研究［J］．重庆社会科学，2002（5）：17－19.

[218] 徐伟民，李志军．政府政策对高新技术企业专利产出的影响及其门槛效应——来自上海的微观实证分析［J］．上海经济研究，2011（7）：77－83.

[219] 徐雅婷．我国政府推动产学研协同创新的政策工具研究［D］．郑州：河南理工大学硕士论文，2017.

[220] 徐喆，李春艳．我国科技政策演变与创新绩效研究——基于政策相互作用视角［J］．经济问题，2017（1）：11－16.

[221] 许艳华．政产学研用协同创新的德国模式与中国借鉴［J］．科技管理研究，2013，33（9）：5－9.

[222] 许云，刘云，贺艳．北京高校和科研机构跨区域技术转移模式及政策启示［J］．科研管理，2017，38（S1）：444－452.

[223] 许云．北京地区高校、科研机构技术转移模式研究［D］．北京：北京理工大学，2016.

[224] 许治，焦秀焕，朱桂龙．国家中心城市技术扩散与区域经济增长——以北京、上海为例［J］．科研管理，2013，34（4）：16－23.

[225] 薛庆根．高技术产业创新、空间依赖与研发投入渠道——基于空间面板数据的估计［J］．管理世界，2014（12）：182－183.

[226] 闫杰，缪小明，张丰等．我国产学研合作创新研究前沿演进趋势知识图谱［J］．科技进步与对策，2012，29（22）：151－156.

[227] 杨国超，刘静，廉鹏，芮萌．减税激励、研发操纵与研发绩

效［J］. 经济研究，2017，52（8）：110 – 124.

［228］杨惠瑛. 我国高新技术产业 R&D 效率及影响因素研究［D］. 西安：西安科技大学，2011.

［229］杨龙志，刘霞. 区域间技术转移存在“马太效应”吗？——省际技术转移的驱动机制研究［J］. 科学学研究，2014，32（12）：1820 – 1827，1858.

［230］杨洋，魏江，罗来军. 谁在利用政府补贴进行创新？——所有制和要素市场扭曲的联合调节效应［J］，管理世界，2015（1）：75 – 86 + 98，188.

［231］姚潇颖，卫平，李健. 产学研合作模式及其影响因素的异质性研究——基于中国战略新兴产业的微观调查数据［J］. 科研管理，2017，38（8）：1 – 10.

［232］叶佳，徐福缘，李佳. 产学研合作效率评价研究——基于 DEA 分析方法［J］. 技术经济与管理研究，2013（2）：21 – 24.

［233］叶伟巍，梅亮，李文等. 协同创新的动态机制与激励政策——基于复杂系统理论视角［J］. 管理世界，2014（6）：79 – 91.

［234］殷华方，潘镇，鲁明泓. 中国外商直接投资产业政策测量和有效性研究：1979 ~ 2003［J］. 管理世界，2006（7）：34 – 45，171 – 172.

［235］尹西明，王毅，陈劲. 高校创造的知识转移到哪去了？——对我国高校专利许可的时空分布研究［J］. 科学学与科学技术管理，2017，38（6）：12 – 22.

［236］游静，Zhang Jing，张丽平. 社会关系需求对协同创新努力程度及协同效果的影响［J］. 技术经济，2016，35（2）：1 – 7，114.

［237］余元春，顾新，陈一君. 产学研技术转移“黑箱”解构及效率评价［J］. 科研管理，2017，38（4）：28 – 37.

［238］袁靖宇. 中国高校科技企业规范的研究［D］. 南京：南京农业大学，2002.

［239］原毅军，于长宏. 产学研合作与企业内部研发：互补还是替

代？——关于企业技术能力“门限”效应的分析［J］. 科学学研究，2012，30（12）：1862－1870.

［240］原长弘，高金燕，孙会娟．地方政府支持与区域市场需求规模不确定性对高校技术转移效率的影响——来自中国“211工程”大学的证据［J］. 研究与发展管理，2013，25（3）：10－17.

［241］原长弘，孙会娟．政产学研用协同与高校知识创新链效率［J］. 科研管理，2013，34（4）：60－67.

［242］原长弘，章芬，高金燕．产学研战略联盟与企业原始创新能力［J］. 研究与发展管理，2015，27（6）：29－39.

［243］原长弘，章芬，姚建军，孙会娟．政产学研用协同创新与企业竞争力提升［J］. 科研管理，2015，36（12）：1－8.

［244］原长弘，赵文红，周林海．政府支持、市场不确定性对校企知识转移效率的影响［J］. 科研管理，2012，33（10）：106－113.

［245］詹雯婷，章熙春，胡军燕．产学研合作对企业技术能力结构的双元性影响［J］. 科学学研究，2015，33（10）：1528－1537.

［246］张成福，马子博，欧文·E. 休斯（Owen E. Hughes）. 公共管理学（第四版）［M］. 北京：中国人民大学出版社，2005.

［247］张国兴，高秀林，汪应洛，郭菊娥，汪寿阳．中国节能减排政策的测量、协同与演变——基于1978～2013年政策数据的研究［J］. 中国人口·资源与环境，2014，24（12）：62－73.

［248］张继良，李琳琳．R&D资助差异与企业技术创新阶段的关系研究［J］. 科学学研究，2014，32（11）：1740－1746.

［249］张洁瑶．创业企业多维邻近性对协同创新关系影响研究［J］. 科研管理，2018，39（9）：78－85.

［250］张镧．基于文本分析法的湖北省高新技术产业政策演进脉络研究［J］. 科技进步与对策，2013，30（17）：113－117.

［251］张曙，李爱平．技术创新和知识供应链［J］. 中国机械工程，1999（2）：3－5.

[252] 张炼．政府在产学研合作中的作用 [J]．教育科学研究，1999 (1)：46 - 49.

[253] 张明玖．财政激励、金融支持与工业企业创新成果转化研究 [J]．西南大学学报（社会科学版），2017，43 (1)：54 - 60，190.

[254] 张曙，李爱平．技术创新和知识供应链 [J]．中国机械工程，1999 (2)：224 - 227，244.

[255] 张思潮．产学研合作政策、企业—高校互动与企业创新绩 [D]．杭州：浙江理工大学，2019.

[256] 张秀峰，陈光华，海本禄．融资约束、政府补贴与产学研合作创新绩效 [J]．科学学研究，2019 (8)：1529 - 1536.

[257] 张秀峰，陈光华，杨国梁．基于 DEA 模型的产学研合作研发效率研究——以不同所有制企业主导的产学研合作研发项目为例 [J]．研究与发展管理，2016，28 (5)：82 - 90.

[258] 张永安，耿喆，王燕妮．我国区域科技创新政策的系统性分类——基于中关村数据的研究 [J]．系统科学学报，2016，24 (2)：92 - 95.

[259] 张永安，闫瑾．基于文本挖掘的科技成果转化政策内部结构关系与宏观布局研究 [J]．情报杂志，2016，35 (2)：44 - 49.

[260] 张运华，吴洁，施琴芬．高校科技投入及成果转化效率分析——价值链角度的考察 [J]．科技管理研究，2008 (8)：133 - 135.

[261] 张玉，陈凯华，乔为国．中国大中型企业研发效率测度与财政激励政策影响 [J]．数量经济技术经济研究，2017，34 (5)：38 - 54.

[262] 张忠迪．协同创新中心建设中政府的角色定位 [J]．中国高校科技，2014 (8)：30 - 32.

[263] 章琰．大学技术转移的双重过程分析 [J]．科学学与科学技术管理，2004 (7)：27 - 30.

[264] 赵筱媛，苏竣．基于政策工具的公共科技政策分析框架研究 [J]．科学学研究，2007 (1)：52 - 56.

[265] 郑春美，李佩. 政府补助与税收优惠对企业创新绩效的影响——基于创业板高新技术企业的实证研究 [J]. 科技进步与对策，2015，32 (16)：83 -87.

[266] 郑代良，钟书华. 1978—2008：中国高新技术政策文本的定量分析 [J]. 科学学与科学技术管理，2010，31 (4)：176 -181.

[267] 仲伟俊，蔡琦. 科技政策分析框架研究 [J]. 科技管理研究，2014 (22)：23 -27.

[268] 仲伟俊，梅姝娥，谢园园. 产学研合作技术创新模式分析 [J]. 中国软科学，2009 (8)：174 -181.

[269] 周海涛，张振刚. 政府研发资助方式对企业创新投入与创新绩效的影响研究 [J]. 管理学报，2015，12 (12)：1797 -1804.

[270] 周华，韩伯棠. 基于技术距离的知识溢出模型应用研究 [J]. 科学学与科学技术管理，2009，30 (7)：111 -116.

[271] 周笑. 产学研合作中的政策需求和政府作用研究 [D]. 南京：南京航空航天大学，2008.

[272] 周正，尹玲娜，蔡兵. 我国产学研协同创新动力机制研究 [J]. 软科学，2013，27 (7)：52 -56.

[273] 朱桂龙，程强. 我国产学研成果转化政策主体合作网络演化研究 [J]. 科学学与科学技术管理，2014，35 (7)：40 -48.

[274] 朱桂龙，彭有福. 产学研合作创新网络组织模式及其运作机制研究 [J]. 软科学，2003 (4)：49 -52.

[275] 朱桂龙，杨东鹏. 基于专利数据的产学研合作及政策演变研究 [J]. 科技管理研究，2017，23：181 -185.

[276] 朱宁宁，王溦溦. 我国科技成果转化典型模式及影响因素研究 [J]. 科技与管理，2011，13 (6)：34 -37.

[277] 朱平芳，徐伟民. 政府的科技激励政策对大中型工业企业R&D 投入及其专利产出的影响——上海市的实证研究 [J]. 经济研究，2003 (6)：45 -52.

[278] 邹小伟．产学研结合技术转移模式与机制研究 [D]．武汉：华中师范大学，2013.

[279] Acs Z. J. , Anselin L. and Varga A. Patents and innovation count as measures of regional production of new knowledge [J]. Research Policy, 2002, 31 (7): 1069 -1085.

[280] Ács Z. J. , Autio E. and Szerb L. National systems of entrepreneurship: Measurement issues and policy implications [J]. Research Policy, 2014, 43 (3): 476 -494.

[281] Adams J. D. , Chiang E. P. and Starkey K. The NBER-Rensselaer scientific papers database: Form, nature, and function. NBER Working Paper Series, 2005, http: www. nber-org/papers/w7843.

[282] Adams J. D. , Black G. C. , Clemnons J. R. and Stephan P. E. Scientific teams and institutional collaborations: Evidence from U. S. universities, 1981 ~1999 [J]. Research Policy, 2005, 34 (3): 259 -285.

[283] Aghion P. , M. Dewatripont, L. Du, A. Harrison and P. Legros. Industrial policy and competition [R]. NBER Working Paper, 2012, No. w18048.

[284] Almeida P. , Hohberger J. and Parada P. Individual scientific collaborations and firm-level innovation [J]. Industrial and Corporate Change, 2011, 20 (6): 1571 -1599.

[285] Almus M. , Czarnitzki D. The effects of public R&D subsidies on firms'innovation activities: The case of Eastern Germany [J]. Journal of Business & Economic Statistics, 2003, 21 (2): 226 -236.

[286] Arias-Baez M. P. , Carrillo-Ramos A. XXXVIII Conferencia latinoamericana en informatica [C]. Medellin: IEEE, 2012. 10. 1 -2012. 10. 5.

[287] Arrow K. Economic welfare and the allocation of resources for invention, in the rate and direction of inventive activity: Economic and social factors [J]. Princeton University Press, 1962: 609 -626.

[288] Aschhoff B. , Sofka W. Innovation on demand-can public procure-

ment drive market success of innovations? [J]. Research Policy, 2009, 38 (8): 1235 -1247.

[289] Axèle G, Hay J. and Yamin M. et al. Innovation policy, competence creation and innovation performance of foreign subsidiaries [J]. Asian Business & Management, 2012, 11 (1): 56 -78.

[290] Azoulay P., Ding W. and Stuart T. The impact of academic patenting on the rate, quality and direction of (public) research output [J]. The Journal of Industrial Economics, 2009, 57 (4): 637 -676.

[291] Bae Y., Chang H. Efficiency and effectiveness between open and closed innovation [J]. Technology Analysis & Strategic Management, 2012, 24 (10): 967 -980.

[292] Baghana R., Mohnen P. Effectiveness of R&D tax incentives in small and large enterprises in Que' bec [J]. Small Business Economics, 2009, 33 (1): 91 -107.

[293] Ballesteros J. A., Rico A. M. Public financing of cooperative R&D projects in Spain: The concerted projects under the national R&D plan [J]. Research Policy, 2001, 30 (4): 625 -641.

[294] Banal-Estanol A., Macho-Stadler I. and Pérez-Castrillo D. Research output from university-industry collaborative projects [J]. Economic Development Quarterly: the Journal of American economic revitalization, 2013, 27 (1): 71 -81.

[295] Barajas A., Elena H. and Moreno L. Measuring the economic impact of research joint ventures supported by the EU Framework Programme [J]. The Journal of Technology Transfer, 2012, 37 (6): 917 -942.

[296] Battese G. E., Coelli T. J. A model for technical inefficiency effects in a stochastic frontier production function for panel data [J]. Empirical Economics, 1995 (20): 325 -332.

[297] Bayona-Sáez C., García-Marco T. Assessing the effectiveness of

the Eureka Program [J]. Research Policy, 2010, 39 (10): 1375 -1386.

[298] Beck M., Lopes-Bento C. and Schenker-Wicki A. Radical or incremental: where does R&D policy hit? [J]. Research Policy, 2016, 45 (4): 869 -883.

[299] Becker W., Dietz J. R&D cooperation and innovation activities of firms—evidence for the German manufacturing industry [J]. Research Policy, 2004, 33 (2): 209 -223.

[300] Benfratello I., Sembenelli A. Research joint ventures and firm level performance [J]. Research Policy, 2002, 31 (4): 493 -507.

[301] Bercovitz J., Feldman M. The mechanisms of collaboration in inventive teams: Composition, social networks and geography [J]. Research Policy, 2011, 40 (1): 81 -93.

[302] Bigliardi B., Galati F. and Marolla G. et al. Factors affecting technology transfer offices' performance in the Italian food context [J]. Technology Analysis & Strategic Management, 2015, 27 (4): 361 -384.

[303] Bloom N. N., Griffith J. and Van Reenen. Do R&D tax credits work? evidence from a panel of countries 1979 ~1997 [J]. Journal of Public Economics, 2002, 85 (1): 1 -31.

[304] Boardman P. C. Government centrality to university-industry interactions: University research centers and the industry involvement of academic researchers [J]. Research Policy, 2009, 38 (10): 1505 -1516.

[305] Boschma R. Proximity and innovation: A critical assessment [J]. Regional Studies, 2005, 39 (1): 61 -74.

[306] Bozeman B., Gaughan M. Impacts of grants and contracts on academic researchers' interactions with industry [J]. Research Policy, 2007, 36 (5): 694 -707.

[307] Branstetter L. G., Sakakibara M. When do research consortia work well and why? evidence from Japanese panel data [J]. American Economic

Review, 2002, 92 (1): 143-159.

[308] Brimble P., Doner R. F. University-industry linkages and economic development: The case of Thailand [J]. World Development, 2007, 35 (6): 1021-1036.

[309] Broekel T. Do cooperative research and development (R&D) subsidies stimulate regional innovation efficiency? Evidence from Germany [J]. Regional Studies, 2015, 49 (7): 1087-1110.

[310] Broekel T., Schimke A. and Brenner T. The effects of cooperative R&D subsidies and subsidized cooperation on employment growth [R]. Working Paper Series in Economics, No. 34. 2011.

[311] Bronwyn H., Hall. R&D tax policy during the 1980s: Success or failure? [A]. Boston: oterba, James (Eds). Tax Policy and the Economy [C]. The MIT Press, 1993.

[312] Bronzini R., Piselli P. The impact of R&D subsidies on firm innovation [J]. Research Policy, 2016, 45 (2): 442-457.

[313] Bruneel J., D'Este P. and Salter A. Investigating the factors that diminish the barriers to university-industry collaboration [J]. Research Policy, 2010, 39 (7): 858-868.

[314] Busom I., Corchuelo B. and Martínez-Ros E. Tax incentives or subsidies for business R&D? [J]. Small Business Economics, 2014, 43 (3): 571-596.

[315] Busom I., Corchuelo B. and Martinez-Ros E. Participation inertia in R&D tax incentive and subsidy programs [J]. Small Business Economics, 2017, 48 (1): 153-177.

[316] Caloghirou Y., Hondroyiannis G., and Vonortas N. S. The performance of research partnerships [J]. Managerial & Decision Economics, 2003, 24 (2/3), 85-99.

[317] Cano-Kollmann M., Robert. D., Hamilton, Mudambi R., and

III. Public support for innovation and the openness of firms' innovation activities [J]. Industrial and Corporate Change, 2016: 1 -22.

[318] Cappelen A., Raknerud A. and Rybalka M. The effects of R&D tax credits on patenting and innovations [J]. Research Policy, 2012, 41 (2): 334 -345.

[319] Capron H., Cincera M. Industry-university S&T transfers: Belgium evidence on CIS data [J]. Brussels Economic Review, 2003, 46 (3): 58 -85.

[320] Capron H., Pottelsberghe B. V. Public support to business R&D: A survey and some new quantitative evidence. In: Policy Evaluation in Innovation and Technology. OECD, Paris, 1997.

[321] Carayannis E. G., Campbell D. F. J. Mode 3 and "quadruple helix": Toward a 21st century fractal innovation ecosystem [J]. International Journal of Technology Management, 2009, 46 (3/4): 201 -234.

[322] Carboni O. A. R&D subsidies and private r&D expenditures: Evidence from Italian manufacturing data [J]. International Review of Applied Economics, 2011, 25: 419 -439.

[323] Cerullia G., Gabrieleb R. and Potìa B. The role of firm R&D effort and collaboration as mediating drivers of innovation policy effectiveness [J]. Industry and Innovation, 2016, 23 (5): 426 -447.

[324] Chakravarty S. P., Goddard J. A. and Hodgkinson L. Shareholders and corporate elections [J]. Journal of Management and Governace, 2004, 8 (2): 187 -197.

[325] Chyi Lee C., Yang J. Knowledge value chain [J]. Journal of Management Development, 2000, 19 (9): 783 -794.

[326] Chang S. H. The technology networks and development trends of university-industry collaborative patents [J]. Technological Forecasting and Social Change, 2017, 118: 107 -113.

[327] Chapple W., Lockett A. and Siegel D. et al. Assessing the relative performance of U. K. university technology transfer offices: Parametric and non-parametric evidence [J]. Research Policy, 2005, 34 (3): 369-384.

[328] Chau V. S., Gilman M. and Serbanica C. Aligning university-industry interactions: The role of boundary spanning in intellectual capital transfer [J]. Technological Forecasting and Social Change, 2017, 123: 199-209.

[329] Cheng H., Zhang Z. and Huang Q. et al. The effect of university-industry collaboration policy on universities knowledge innovation and achievements transformation: Based on innovation chain [J]. The Journal of Technology Transfer, 2020 (45): 522-543.

[330] Colyvas J. A. From divergent meanings to common practices: The early institutionalization of technology transfer in the life sciences at Stanford University [J]. Research Policy, 2007, 36 (4): 456-476.

[331] Cornejo R. China's open door policy. The quest for forening technology and capital [J]. Estudios de Asiay Africa. 1986, 21 (3): 557-559.

[332] Cristina B., Raquel G. Linking industry-university in proximity: The innovative outcome of R&D contracts in SMEs'. 6th European conference on innovation and entrepreneurship (ECIE): Robert Gordon University, Aberdeen, Scotland: SEP 15-16, 2011.

[333] Cummings J. L., Teng B. S. Transferring R&D knowledge: The key factors affecting knowledge transfer success [J]. Journal of Engineering and Technology Management, 2003, 20 (1-2): 39-68.

[334] Cunningam P., Gok A. and Laredo P. The impact of direct support to R&D and innovation in firms [R]. NESTA Working Paper, 13/03. 2013.

[335] Czarnitzki D. A. A., Toole. Business R&D and the interplay of R&D subsidies and product market uncertainty [J]. Review of Industrial Organization, 2007, 31: 161-181.

[336] Czarnitzki D. G. Licht. Additionality of public R&D grants in a tran-

sition economy [J]. Economics of Transition, 2006 (14): 101 –131.

[337] Czarnitzki D., Ebersberger B. and Fier A. The relationship between R&D collaboration, subsidies and R&D performance: Empirical evidence from Finland and Germany [J]. Journal of Applied Econometrics, 2007, 22 (7): 1347 –1366.

[338] Czarnitzki D., Grimpe C. and Toole A. A. Delay and secrecy: does industry sponsorship jeopardize disclosure of academic research? [J]. Industrial and Corporate Chang, 2015, 24 (1): 251 –279.

[339] Czarnitzki D., Hanel P. and Rosa J. M. Evaluating the impact of R&D tax credits on innovation: A microeconometric study on Canadian firms [J]. Research Policy, 2011, 40 (2): 217 –229.

[340] David P. A., Hall B. H. and Toole A. A. Is public R&D a complement or substitute for private R&D? A review of the econometric evidence [J]. Research Policy, 2000, 29 (4): 497 –529.

[341] Davidson C., Segerstrom P. R&D subsidies and economic growth [J]. RAND Journal of Economics, 1998, Vol. 29 (3): 548 –577.

[342] Dimos C., Pugh G. The effectiveness of R&D subsidies: A meta-regression analysis of the evaluation literature [J]. Research Policy, 2016, 45 (4): 797 –815.

[343] Dodgson M., Rothwell R. The handbook of industrial innovation Aldershot, UK: Edward Elgar Publishing, 1994.

[344] Donald S. S., David W. and Albert L. Assessing the impact of organizational practices on the relative productivity of university technology transfer offices: an exploratory study [J]. Research Policy, 2003, 32 (1): 27 –48.

[345] Duarte C. H. C., Gorschek T. Technology transfer-requirements engineering research to industrial practice an open (ended) debate [C]// Requirements Engineering Conference. IEEE, 2015.

[346] Duguet E. Are R&D subsidies a substitute or a complement to pri-

vately funded R&D? Evidence from France using propensity score methods for non-experimental data [J]. Revue d'Economie Politique, 2004, 114 (2): 263 -292.

[347] Dzisah J. E. Triple helix circulation: The heart of innovation and development [J]. International Journal of Technology Management and Sustainable Development, 2008, 7 (2): 101 -115.

[348] Einiö E. R&D subsidies and company performance: Evidence from geographic variation in government funding based on the ERDF population-density rule [J]. Review Economics Statistics, 2014, 96 (4): 710 -728.

[349] Eisner R., Albert S. H. and Sullivan M. A. The new incremental tax credit for R&D: Incentive or disincentive [J]. National Tax Journal, 1984, (2): 171 -183.

[350] Engel D., Rothgang M. and Eckl V. Systemic aspects of R&D policy subsidies for R&D collaborations and theireffects on private R&D [J]. Industry and Innovation, 2016, 23 (2): 206 -222.

[351] Ensley M. D., Pearson. A. and Pearce. C. L. Top management team process, shared leadership, and new venture performance: A theoretical model and research agenda [J]. Human Resource Management Review, 2004, 13 (2): 329 -346.

[352] Eom B. Y., Lee K. Determinants of industry-academy linkages and their impact on firm performance: The case of Korea as a latecomer in knowledge industrialization [J]. Research Policy, 2010, 39 (5): 625 -639.

[353] Etzkowitz, Leydesdorff. The triple helix of university-industry-government relations: A laboratory for knowledge based economic. development [J]. EASST Review, 1995 (1): 14 -19.

[354] Etzkowitz H., Leydesdorff L. The dynamics of innovation: From National Systems and "Mode 2" to a Triple Helix of university-industry-government relations [J]. Research Policy, 2000, 29 (2): 109 -123.

[355] Etzkowitz, Henry. Networks of Innovation: Science, technology and development in the Triple Helix Era [J]. International Journal of Technology Management & Sustainable Development, 2002, 1 (1): 7 - 20.

[356] European Commission. From challenges to opportunities: Towards a common strategic framework for EU research and innovation funding-green paper [M]. Luxembourg: Publications Office of the European Union, 2011.

[357] Falck O., Heblich S. and Kipar S. Industrial innovation: direct evidence from a cluster-oriented policy [J]. Regional Science and Urban Economics, 2010, 40 (6): 574 - 582.

[358] Farrell M. The measurement of productive efficiency [J]. Journal of the Royal Statistical Society, 1957, 120 (3): 253 - 290.

[359] Fiaz M. "An empirical study of university-industry R&D collaboration in china: Implications for technology in society" [J]. Technology in Society, 2013, 35 (3), 191 - 202.

[360] Frantzen D. The causality between R&D and productivity in manufacturing: An international disaggregate panel data study [J]. International Review of Applied Economics, 2003, 17 (2): 125 - 146.

[361] Freeman C. Technology policy and economic performance: The theory and an application to the semiconductor industry' [M]. London: Macmilla, 1987.

[362] Frenken K., Balland P. A. and Boschma R. Proximity and innovation: From statics to dynamics [J]. Regional Studies, 2015, 49 (6): 907 - 920.

[363] Fu X., Xiong H. Open innovation in China: Policies and practices [J]. Journal of Science and Technology Policy in China, 2011, 2 (3): 196 - 218.

[364] Gabrielle S., Claire D. and Jeung L. University-industry teaching collaborations: A case study of the MSc in structural integrity co-produced by

Brunel University London and The Welding Institute [J]. Studies in Higher Education, 2018, 43 (4): 769 -785.

[365] Gao J. P., Su C., Wang H. Y. and Zhai L. H. Research fund evaluation based on academic publication output analysis: The case of Chinese research fund evaluation [J]. Scientometrics, 2019, 119 (2): 941 -958.

[366] Geisler E. Industry-University technology cooperation, a theory of inter-organizational relationships [J]. Technology Analysis & Strategic Management, 1995, 7 (2): 217 -229.

[367] Geisler E. Intersector technology cooperation: Hard myths, soft facts [J]. Technovation, 1997, 17 (6): 309 -320.

[368] Geldes C., Felzensztein C. and Turkina E. et al. How does proximity affect interfirm marketing cooperation? A study of an agribusiness cluster [J]. Journal of Business Research, 2015, 68 (2): 263 -272.

[369] Giuliani E., Arza V. What drives the formation of "valuable" university-industry linkages? [J]. Research Policy, 2009, 38 (6): 906 -921.

[370] Gladstein D. L. Groups in context: A model of task group effectiveness [J]. Administrative Science Quarterly, 1984, 29 (4): 499 -517.

[371] Goldfarb B., Henrekson M. Bottom-up versus top-down policies towards the commercialization of university intellectual property [J]. Research Policy, 2003 (32): 639 -658.

[372] González X., Pazó C. Do public subsidies stimulate private R&D spending? [J]. Research Policy, 2008, 37: 371 -389.

[373] Goolsbee A. Does government R&D policy mainly benefit scientists and engineers? [J]. American Economic Review, 1998 (88): 298 -302.

[374] Görg H., Strobl E. The effect of R&D subsidies on private R&D [J]. Economica, 2007 (74): 215 -234.

[375] Govindaraju V. G. R. C., Ghapar F. A. and Pandiyan V. The role of collaboration, market and intellectual property rights awareness in university

technology commercialization [J]. International Journal of Innovation and Technology Management, 2009, 6 (4): 363 -378.

[376] Grenewegen, Schenk H. (Eds). Perspectives in industrial organization [M]. London: London luwer Academic, 1990.

[377] Griffith R., Redding S. and Simpson H. Technological catch-up and geographic proximity [J]. Journal of Regional Science, 2009, 49 (4): 689 -720.

[378] Griliches Z. Issues in assessing the contribution of research and development to productivity growth [J]. The Bell Journal of Economics, 1979: 92 -116.

[379] Griliches Z. R&D and the productivity slow down [J]. American Economic Review, 1980, 70 (2): 343 -348.

[380] Guan J. C., Yan Y. Technological proximity and recombinative innovation in the alternative energy field [J]. Research Policy, 2016, 45 (7): 1460 -1473.

[381] Guellec D., Pottelsberghe B. V. The impact of public R&D expenditure on business R&D [J]. Economics of Innovation & New Technology, 2003, 12 (3): 225 -243.

[382] Guellec D., Pottelsberghe B. V. The internationalisation of technology analysed with patent data [J]. Research Policy, 2001 (30): 1253 - 1266.

[383] Guisado-Gonzalez M., Gonza'lez-Blanco J., Coca-Pe'rez J. L. and Guisado-Tato M. Assessing the relationship between R&D subsidy, R&D cooperation and absorptive capacity: An investigation on the manufacturing Spanish case [J]. Journal of Technology Transfer, 2018 (43): 1647 -1666.

[384] Guo D., Guo Y. and Jiang K. Government-subsidized R&D and firm innovation: Evidence from China [J]. Research Policy, 2016, 45 (6): 1129 -1144.

[385] Haegeland T., Moen J. Input additionality in the Norwegian R&D tax credit scheme [J]. Statistics Norway, 207 (47): 1-51.

[386] Hall B. H. Exploring the patent explosion [J]. Journal of Technology Transfer, 2004, 30 (1-2): 35-48.

[387] Hall B. J., Van R. How effective are fiscal incentives for R&D? A review of the evidence [J]. Research Policy, 2000, 9 (4-5): 449-469.

[388] Hall B., Gibson D. University-industry research partnerships in the United States [J]. Jean-Pierre C., Heitor M. V. (Eds.), Rethinking Science Systems and Innovation Policies. Purdue University Press.

[389] Hall J. K., Martin M. J. C. Disruptive technologies, stakeholders and the innovation value-added chain: A framework for evaluating radical technology development. [J]. R&D Management, 2005, 35 (3): 273-284.

[390] Hampson K. D., Kraatz J. A. and Sanchez A. X. The global construction industry and R&D. In R&D investment and impact in the global construction industry [J]. Routledge Oxon, 2014: 16-17

[391] Han J. S., Lee S. Y. T. The impact of technology transfer contract on a firm's market value in Korea [J]. The Journal of Technology Transfer, 2013, 38 (5): 651-674.

[392] Hansen B. E. Threshold effects in non-dynamic panels: Estimation, testing and inference [J]. Journal of Econometrics, 1999 (93): 345-368.

[393] Hemmert M. Knowledge acquisition by university researchers through company collaborations [J]. Science and Public Policy, 2017, 44 (2): 199-210.

[394] Henderson R., Jaffe A. B. and Trajtenberg M. Universities as a source of commercial technology: A detailed analysis of university patenting, 1965—1988 [J]. The Review of Economics and Statistics, 1998, 80 (1): 119-27.

[395] Hoang H., Rothaermel F. T. The effect of general and partner-spe-

cific alliance experience on joint R&D project performance [J]. Academy of Management Journal, 2005, 48 (2): 332 - 345.

[396] Hong J., Feng B., Wu Y. and Wang L. Do government grants promote innovation efficiency in China's high-techIndustries? [J]. Technovation, 2016 (57 - 58): 4 - 13.

[397] Hong W. Decline of the center: The decentralizing process of knowledge transfer of Chinese universities from 1985—2004 [J]. Research Policy, 2008, 37 (4): 580 - 595.

[398] Hong W., Su Y. S. The effect of institutional proximity in non-local university-industry collaborations: An analysis based on Chinese patent data [J]. Research Policy, 2013, 42 (2): 454 - 464.

[399] Hood, Christopher C. The tools of governrnent [M]. London: Macmillan, 1983.

[400] Hottenrott H., Lopes-Bento C. (International) R&D collaboration and SMEs: The effectiveness of targeted public R&D support schemes [J]. Research Policy, 2014, 43 (6): 1055 - 1066.

[401] Hottenrott H., Lawson C. Research grants, sources of ideas and the effects on academic research [J]. Economic of Innovation and New Technology, 2014, 23 (2): 109 - 133.

[402] Hou B., Hong J., Wang H. Y. and Zhou C. Y. Academia-industry collaboration, government funding and innovation efficiency in Chinese industrial enterprises [J]. Technology Analysis & Strategic Management, 2019, 31 (6): 692 - 706.

[403] Hoye K., Pries F. Repeat commercializers, the habitual entrepreneurs of university-industry technology transfer [J]. Technovation, 2009, 29 (10): 682 - 689.

[404] Hsu F. M., Hsueh C. C. Measuring relative efficiency of government-sponsored R&D projects: A three-stage approach. [J]. Eval Program

Plann, 2009, 32 (2): 178 -186.

[405] Huang C. H. Tax credits and total factor productivity [J]. Journal of Technology Transfer, 2015, 40 (6): 932 -947.

[406] Huang M. H. , Chen D. Z. How can academic innovation performance in university-industry collaboration be improved? [J]. Technological Forecasting and Social Change, 2017 (123): 210 -215.

[407] Hussinger K. R&D and subsidies at the firm level: An application of parametric and semi-parametric two-step selection models [J]. Journal of Applied Econometrics, 2008, 23 (6): 729 -747.

[408] Hyytinen A. , Toivanen O. Do financial constraints hold back innovation and growth: Evidence on the role of public policy [J]. Research Policy, 2003, 34 (9): 1385 -1403.

[409] Ijichi T. , Odagiri H. Zenkoku Innovation Chosa ni yoru Iyakuhin Sangyo no Hikaku Bunseki A comparative study of the Japanese pharmaceutical industry with the national innovation survey data [R]. NISTEP Discussion Paper No. 43. National Institute of Science and Technology Policy, 2006.

[410] Jacob M. , Johan S. , Schweizer D. and Zhao F. Corporate finance and the governance implications of removing government support programs [J]. Social ence Electronic Publishing.

[411] Jaffe A. B. Technological opportunity and spillovers of R&D: Evidence from firms' patents, profits and market value [R]. National bureau of economic research, 1986.

[412] Jantunen, Ari. Knowledge-processing capabilities and innovative performance: An empirical study [J]. European Journal of Innovation Management, 2005, 8 (3): 336 -349.

[413] Jerry G. , Marie C. Who is selling the ivory tower? Sources of growth in university licensing [J]. Management Science, 2002, 48 (1): 90 -104.

[414] Jewell N., Reitz J. Group effectiveness in organizations [M]. Illinois: Foresman and Company, 1981.

[415] Ju C., G. Susan and S. D. Lendle A. Chambaz, F. Jessica, W. Richard, S. Schneeweiss and M. J. van der Laan. Scalable collaborative targeted learning for high-dimensional data [J]. Statistical methods in medical research, 2019, 28 (2): 532 - 554.

[416] Ju C., Richard W. and Jessica M. F., et al. Collaborative-controlled LASSO for constructing propensity score-based estimators in high-dimensional data [J]. Statistical methods in medical research, 2017, 28 (4): 1044 - 1063.

[417] Karhunen H., Huovari J. R&D subsidies and productivity in SMEs [J]. Small Business Economics, 2015, 45 (4): 805 - 823.

[418] Kasahara H., Shimotsu K. and Suzuki M. Does an R&D tax credit affect R&D expenditure? The Japanese R&D tax credit reform in 2003 [J]. Journal of the Japanese and International Economies, 2014, 31 (3): 72 - 97.

[419] Kato M., Odagiri H. Development of university life-science programs and university-industry joint research in Japan [J]. Research Policy, 2012, 41 (5): 939 - 952.

[420] Klette T., Møen J. and Griliches Z. Do subsidies to commercial R&D reduce market failures? Microeconomic evaluation studies [J]. Research Policy, 2000 (29): 471 - 495.

[421] Klingebiel R., Rammer C. Resource allocation strategy for innovation portfolio management [J]. Strategic Management Journal, 2014, 35 (2): 246 - 268.

[422] Knoben J. Localized inter-organizational linkages, agglomeration effects, and the innovative performance of firms [J]. The Annals of Regional Science, 2009, 43 (3): 757 - 779.

[423] Kobayashi Shin. Applying audition systems from the performing arts

to R&D funding mechanisms: Quality control in collaboration among the academic, public, and private sectors in Japan [J]. Research Policy, 2000 (29): 181 - 192.

[424] Lach S. Do R&D subsidies stimulate or displace private R&D? Evidence from Israel [J]. Journal of Industrial Economics, 2002, 50 (4): 369 - 390.

[425] Lane N. US science and technology: An uncoordinated system that seem to work [J]. Technology in Society, 2008 (30): 248 - 263.

[426] Lanoie P., Laurent L. J. and Johnstone N., et al. Environmental policy, innovation and performance: New insights on the Proter hypothesis [J]. Journal of Economics & Management Strategy, 2011, 20 (3): 803 - 842.

[427] Laursen K., Salter A. Open for innovation: The role of openness in explaining innovation performance among UK manufacturing firms [J]. Strategic Management Journal, 2006, 27 (2): 131 - 150.

[428] Jay Lee (United Technology Research Center). 关于未来制造业的战略思考 [J]. 中国机械工程, 1999, 10 (4): 361 - 368.

[429] Lee C. Y. The differential effects of public R&D support on firm R&D: Theory and evidence from multi-country data [J]. Technovation, 2011 (31): 256 - 269.

[430] Lee E. Y., Cin B. C. The effect of risk sharing government subsidy on corporate R&D investment: Empirical evidence from Korea [J]. Technological Forecasting and Social Change, 2010, 77 (6): 881 - 890.

[431] Lee E., Walker M. and Zeng C. Do Chinese government subsidies affect firm value? [J]. Accounting Organizations & Society, 2014, 39 (3): 149 - 169.

[432] Lee J., Kim. C. and Choi G. Exploring data envelopment analysis for measuring collaborated innovation efficiency of small and medium-sized enterprises in Korea [J]. European Journal of Operational Research, 2019

(278): 533 -545.

[433] Lee Y. S. The sustainability of university-industry research collaboration: An empirical assessment [J]. Journal of Technology Transfer, 2000, 25 (2): 111 -133.

[434] Levin R., Reiss P. C. Tests of a Schumpeterian model of R&D and market structure [J]. R&D, Patents, and Productivity University of Chicago Press, 1984: 175 -208.

[435] Libecap G. D. Economic variables and the development of the law: The case of western mineral Rights [J]. The Journal of Economic history, 1978, 38 (2): 338 -362.

[436] Lim C. Y., Wang J. and Zeng C. China's "Mercantilist" government subsidies, the cost of debt and firm performance [J]. Journal of Banking and Finance, 2018 (86): 37 -52.

[437] Lin J. Y. Balancing industry collaboration and academic innovation: The contingent role of collaboration-specific attributes [J]. Technological Forecasting and Social Change, 2017, 123 (10): 216 -228.

[438] Lin J. Y., Liao W. C. and Tseng C. C. Effects of technology flows on industrial performance: The contingent role of diversity of R&D human capital [J]. Journal of Business-to-Business Marketing, 2016, 23 (2): 111 -133.

[439] Lin T. C., Kung S. F. and Wang H. C. Effects of firm size and geographical proximity on different models of interaction between university and firm: A case study [J]. Asia Pacific Management Review, 2015, 20 (2): 90 -99.

[440] Lundvall B. A. National systems of innovation: Towards a theory of innovation and interactive learning [M]. London: Printer Publishers, 1992.

[441] Mansfield E. Academic research and industrial innovation [J]. Research Policy, 1991, 20 (1), 1 -12.

[442] Mansfield E. The R&D tax credit and other technology policy issues [J]. American Economic Review, 1986, 76 (2): 190 - 194.

[443] Mansfield E. Academic research underlying industrial innovations: Sources, characteristics, and financing [J]. Review of Economics and Statistics, 1995, 77 (1): 55 - 65.

[444] Marge Seppo, Kärt Rõigas and Urmas Varblane. Governmental support measures for university-industry cooperation—comparative view in Europe [J]. Journal of Knowledge Economics, 2014 (5): 388 - 408.

[445] Marks M. A., Mathieu J. E., Zaccaro and S. J. A temporally based framework and taxonomy of team processes [J]. Academy of Management Review, 2001 (26): 356 - 376.

[446] Martin S. R&D joint ventures and tacit product market collusion [J]. European Journal of Political Economy, 1996, 11 (4): 733 - 741.

[447] McAdam M., McAdam R. High tech start-ups in University science park incubators: The relationship between the start-up's lifecycle progression and use of the incubator's resources [J]. Technovation, 2008, 28 (5): 277 - 290.

[448] McGrah J E. Social psychology: A brief introduction [M]. New York: Holt Rinehart and Winston, 1964.

[449] Meuleman M., Maeseneire W. D. Do R&D subsidies affect SMEs' access to external financing? [J]. Research Policy, 2012, 41 (3): 580 - 591.

[450] Mohnen P., Hoareau C. What type of enterprises forges close links with universities and government labs? Evidence from CIS2 [J]. Managerial and Decision Economics, 2003, 24 (2 - 3): 133 - 146.

[451] Monjon S., Waelbroeck P. Assessing spillovers from universities to firms: Evidence from French firm-level data [J]. International Journal of Industrial Organization, 2003, 21 (9): 1255 - 1270.

[452] Montmartin B., Herrera M. Internal and external effects of R&D

subsidies and fiscal incentives: Empirical evidence using spatial dynamic panel models [J]. Research Policy, 2015, 44 (5): 1065 –1079.

[453] Morales F. Research policy and endogenous growth [J]. Spanish Economic Review, 2004, 6 (10): 179 –209.

[454] Morris R. Computerized content analysis in management research: A demonstration of advantages & limitations [J]. Journal of Management, 1994, 20 (4): 903 –931.

[455] Motohashi K. University-industry collaborations in Japan: the role of new technology-based firms in transforming the national innovation system [J]. Research policy, 2005, 34 (5): 583 –594.

[456] Motohashi K., Muramatsu S. Examining the university industry collaboration policy in Japan: Patent analysis [J]. Technology in Society, 2012, 34 (2): 149 –162.

[457] Mowery D. C. Collaborative R&D: How effective is it? [J]. Issues in Science and Technology, 1998, 15 (1): 37 –44.

[458] Mowery D. C., Sampat B. N. The Bayh-Dole act of 1980 and university-industry technology transfer: A Model for other OECD governments? [J]. Journal of Technology Transfer, 2005, 30 (1/2): 115 –127.

[459] Nelson R. R. The market economy, and the scientifc commons [J]. Research Policy, 2004, 33 (3): 455 –471.

[460] OECD. National innovation system [R]. 1997.

[461] OECD. Tax incentives for research and development: Trends and issues [J]. Science Technology Industry, 2002: 1 –37.

[462] OECD. Science, technology and industry scoreboard 2013 [M]. Paris: OECD, 2013.

[463] OECD. Demand-side innovation policies [M]. Paris: OECD Publishing, 2011.

[464] Okamuro H. Determinants of successful R&D cooperation in Japa-

nese small businesses: The impact of organizational and contractual characteristics [J]. Research Policy, 2007, 36 (10): 1529 - 1544.

[465] Okamuro H., Nishimura J. Impact of university intellectual property policy on the performance of university-industry research collaboration [J]. The Journal of Technology Transfer, 2013, 38 (3): 273 - 301.

[466] Parisi M. L., Sembellini A. Is private R&D spending sensitive to its price? Empirical evidence on panel data for Italy [J]. Empirica, 2003 (30): 357 - 377.

[467] Park S. Analyzing the efficiency of small andmedium-sized enterprises of a national technology innovation research and development program [J]. SpringerPlus, 2014 (3): 403.

[468] Perkmann M., Walsh K. The two faces of collaboration: Impacts of university-industry relations on public research [J]. Industrial and Corporate Change, 2009, 18 (6): 1033 - 1065.

[469] Petruzzelli A M. The impact of technological relatedness, prior ties, and geographical distance on university-industry collaborations: A joint-patent analysis [J]. Technovation, 2011, 31 (7): 309 - 319.

[470] Pouris A., Pouris A. The state of science and technology in Africa (2000—2004): A scientometric assessment [J]. Scientometrics, 2009, 79 (2): 297 - 309.

[471] Radas S., Anić I. - D., Tafro A. and Wagner V. The effects of public support schemes on small and medium enterprises [J]. Technovation, 2015 (38): 15 - 30.

[472] Radicic D., Pugh G., Hollanders H., Wintjes R. and Fairbun J. The impact of innovation support programs on SME innovation in traditional manufacturing industries: An evaluation for seven EU regions [J]. Environment and Planning C: Government and Policy, 2015.

[473] Rao N. Do tax credits stimulate R&D spending? The effect of the

R&D tax credit in its first decade [J]. Journal of Public Economics, 2016 (140): 1 – 12.

[474] Rasmussen E., Moen Ø. and Gulbrandsen M. Initiatives to promote commercialization of university knowledge [J]. Technovation, 2006, 26 (4): 518 – 533.

[475] Rebolledo M., Sandonís J. The effectiveness of R&D subsidies [J]. Economics of Innovation and New Technology, 2012, 21 (8): 815 – 825.

[476] Hall R, Andriani. P. Manegement focus analysing intangible resources and managing knowledge in a supply chain context [J]. European M anagement Journal, 1998 (6): 55 – 65.

[477] Rivera-Huerta R., Dutrénit G., Ekboir J. M., Sampedro J. L. and Vera-Cruz A. O. Do linkages between farmers and academic researchers influence researcher productivity? The Mexican case [J]. Research Policy, 2011, 40 (7): 932 – 942.

[478] Romero-Jordan D., Delgado-Rodrlguez M. J., Alvarez-Ayuso I., and de Lucas-Santos S. Assessment of the public toolsused to promote R&D investment in Spanish SMEs [J]. Small Business Economics, 2014, 43 (4): 959 – 976.

[479] Rosa B., Lorenzo S. P. Bio-Minds: A novel initiative to promote undergraduate research in biotechnology and related areas'. 3rd International Conference of Education, Research and Innovation (ICERI): Madrid, SPAIN: NOV 15 – 17, 2010.

[480] Rosell C., Agrawal A. Have university knowledge flows narrowed? Evidence from patent date [J]. Research Policy, 2009, 38 (1): 1 – 13.

[481] Rosenberg N., Nelson R. R. American universities and technical advance in industry [J]. Research Policy, 1994, 23 (3): 323 – 348.

[482] Rothwell R., Zegveld W. Reindusdalization and technology [M]. Logman Group Limited, 1985.

[483] Rothwell R., Zegweld W. Industrial innovation and public policy: Preparing for the 1980s to 1990s [M]. France Printer, London, 1981.

[484] Roy Rothwell, Walter Zegveld. Reindustrialization and technology [M]. Boston: Longman, 1985.

[485] Sakakibara M. The diversity of R&D consortia and firm behavior: Evidence from Japanese data [J]. The Journal of Industrial Economics, 2001, 49 (2): 181-196.

[486] Salarmn, Lester, M., Odus V. Elliot. Tools of government: A guide to the new governance [M]. Oxford University Press, 2002.

[487] Sampat B. N., Mowery D. C. and Ziedonis A. A. Changes in university patent quality after the Bayh-Dole act: A re-examination [J]. International Journal of Industrial Organization, 2003 (21): 1371-1390.

[488] Santoro M. D., Gopalakrishnan S. The institutionalization of knowledge transfer activities within industry-university collaborative ventures [J]. Journal of Engineering and Technology Management, 2000, 17 (3-4): 299-319.

[489] Scandura A. University-industry collaboration and firms R&D effort [J]. Research Policy, 2016, 45 (9): 1907-1922.

[490] Sedaitis J. Technology transfer in transitional economies: A test of market, state and organizational models [J]. Research Policy, 2000, 29 (2): 135-147.

[491] Senker A. Rationale for partnerships: Building national innovation systems [J]. STI Review, 1998, 23: 23-37.

[492] Shyu J. Z., Chiu Y. and Yuo C. A cross-national comparative analysis of innovation policy in the integrated circuit industry [J]. Technology in Society, 2001, 23 (2): 227-240.

[493] Siegel D. S., Waldman D. A. and Atwater L. E. et al. Commercial knowledge transfers from universities to firms: Improving the effectiveness of u-

niversity-industry collaboration [J]. The Journal of High Technology Management Research, 2003, 14 (1): 111-133.

[494] Sohn D. W. Kim H. and Lee J. H. Policy-driven university-industry linkages and regional innovation networks in Korea [J]. Environment and Planning C: Government and Policy, 2009, 27: 647-664.

[495] Spencer J. W. Firms' knowledge - sharing strategies in the global innovation system: Empirical evidence from the flat panel display industry [J]. Strategic Management Journal, 2003, 24 (3): 217-233.

[496] Stephan P. How economics shapes science by paula stephan (2012) Harvard University Press Cambridge, Massachusetts, USA. [J]. The FASEB Journal, 2012, 26 (8): 3097-3099.

[497] Stoicovici D., Banica M. and Ungureanu M. The impact of collaborations between universities and private organizations on cluster development and competitiveness in Romania [C]. Conference on Innovative Ideas in Science: Baia Mare, Romania: Nov 10-11, 2016.

[498] Swezey R. W., Salas E. E. Teams: Their training and performance [J]. 1992.

[499] Sylvie D. murger，杰夫·萨克斯，胡永泰，鲍曙明，张欣．地理位置与优惠政策对中国地区经济发展的相关贡献 [J]．经济研究，2002 (9): 14-23, 9.

[500] Szczygielski K. Grabowski W. Pamukcu M. and Tandogan V. S. Does government support for private innovation matter? Firm-level evidence from two Catching-up Countries [J]. Research Policy, 2017, 46 (1): 219-237.

[501] Szücs F. Research subsidies, industry-university cooperation and innovation [J]. Research Policy, 2018, 47: 1256-1266.

[502] Tassey G. Underinvestment in public good technologies [J]. Journal of Technology Transfer, 2004, 30 (1-2): 89-113.

[503] Teece D. J., Pisano G. and Shuen A. Dynamic Capabilities and

Strategic Management [J]. Strategic Management Journal, 1997, 18: 509 - 533.

[504] Tether B. S. Who co-operates for innovation and why: an empirical analysis [J]. Research Policy, 2002, 31: 947 -967.

[505] Trajtenberg M., Henderson R. and Jaffe A. B. University versus corporate patents: a window on the basicness of invention [J]. Economic of Innovation and New Technology, 1997, 5 (1): 19 -50.

[506] USG. University-Private sector research partnerships in the innovation ecosystem [R]. President's Council of Advisors on Science and Technology, 2009.

[507] Van Beers C., Z. and F. R&D cooperation, partner diversity, and innovation performance: An empirical analysis [J]. Journal of Product Innovation Management, 2014, 31 (2), 292 -312.

[508] Van der Laan M. J., Chambaz A. and Ju C. C-TMLE for continuous tuning [M]. In Targeted Learning in Data Science (pp. 143 - 161). Springer, Cham, 2018.

[509] Van Pottelsberghe de la Potterie B. Europe's R&D: Missing the wrong targe [J]. Intereconomics, 2008, 43 (4): 220 -225.

[510] Vanhaverbeke W., Duysters G. and Noorderhaven N. External technology sourcing through alliances or acquisitions: An analysis of the application-specific integrated circuits industry [J]. Informs, 2002, 13 (6): 714 -733.

[511] Vedung E. Policy instruments: typologies and theories, in: M. L. Bemelmans-Videc, R. C. Rist, E. Vedung (Eds.), Carrots, Sticks and Sermons [J]. Policy Instruments and Their Evaluation, Transaction Publishers, London, 1998.

[512] Wallsten S. J. The effects of government-industry R&D programs on private R&D: The case of the small business innovation research program [J].

The RAND Journal of Economics, 2000, 32 (1): 82 – 100.

[513] Wang J. Knowledge creation in collaboration networks: Effects of tie configuration [J]. Research Policy, 2016, 45 (1): 68 – 80.

[514] Welsh R., Glenna L., Lacy W. and Biscotti D. Close enough but not too far: Assessing the effects of university-industry research relationships and the rise of academic capitalism [J]. Research. Policy, 2008, 37 (10): 1854 – 1864.

[515] Wilson D. Beggar thy neighbor? The in-state, out-of-state and aggregate effects of R&D tax credits [J]. Review of Economics and Statistics, 2009, 91 (2): 431 – 436.

[516] Winston C. Government failure versus market failure: Micro-economics policy research and government performance [M]. Washington: Brookings Institution Press, 2006

[517] Wouters P. The signs of science [J]. Scientometrics. 1998, 41 (1 – 2): 225 – 241.

[518] Wu Y. The effects of state R&D credits in simulating private R&D expenditure: A cross-state empirical analysis [J]. Journal of Policy Analysis and Management, 2005, 24: 785 – 802.

[519] Wuyts S., Colombo M. G. and Dutta S. et al. Empirical tests of optimal cognitive distance [J]. Journal of Economic Behavior & Organization, 2005, 58 (2): 277 – 302.

[520] Wyss R., Schneeweiss S., Van der Laan M. J., Lendle S. D., Ju C. and Franklin J. M. Using super learner prediction modeling to improve high-dimensional propensity score estimation [J]. Epidemiology, 2008, 29 (1): 96 – 106.

[521] Yang C. H., Huang C. H. and Hou C. T. Tax incentives and R&D activity [J]. Research Policy, 2012, 41 (9): 1578 – 1588.

[522] Yang Y., Jin H. and Ge S. et al. Technology policy, technology

strategy and innovation performance: Evidence from Chinese aircraft and spacecraft manufacturing [J]. Science & Public Policy, 2017, 44 (5): 620-630.

[523] Youndt S. M. A. The influence of intellectual capital on the types of innovative capabilities [J]. The Academy of Management Journal, 2005, 48 (3): 450-463.

[524] Zou H., Adams M. B. Corporate ownership, equity risk and returns in the People's Republic of China [J]. Journal of International Business Studies, 2008, 39 (7): 1149-1168.

后　　记

本书是我主持的国家自然科学基金项目（71473228）产学研协同创新政策：演变与绩效——基于创新链视角的最终研究成果。本书还得到浙江理工大学人文社会科学学术专著出版资金（2019年度）的资助。

我和团队成员一直关注科技政策发展及其绩效评价。2000年开始研究“浙江省软件业成长模式与政策选择”（浙江省哲学社会科学规划办项目），2002年开始“加入WTO后浙江省科技政策与法律体系研究”（浙江省科技厅重点课题），2004年开始“科技激励政策促进浙江省企业R&D的实证研究”（中华人民共和国人事部留学回国基金项目），2005年研究“政府科技投入与企业R&D——实证研究与政策选择”（国家自然科学基金项目），2009年开始“中国技术创新政策演变、测量与绩效——基于政策工具的研究”（国家自然科学基金项目），一直从事科技政策相关研究。

2015年获得国家自然科学基金项目的立项。在产学研合作政策法规的数据库收集过程中，得到国家自然科学基金委管理学部、清华大学公共管理学院中国公共政策数据库（CIDS）、浙江省科技厅相关处室的大力支持，在此表示深深的感谢！

应该说，课题研究和本书不是我一个人能够完成的。在此特别感谢的还有张志英老师，她刻苦、努力，精通计量模型与数据分析，是我们团队的核心成员，指导研究生并做了大量实证分析的工作。我的研究生们做了大量工作。陈满新勤奋刻苦，善于思考和创新，对产学研合作政策的演变、测量方面的研究颇有创新。黄诗倩和夏黎翔在此基础上，不仅更新了产学研创新政策的时间，而且对政策演变等开展了进一步深入分析。李珍珍聪明、可爱，对杭州产学研影响关键因素的研究很有成效。黄青刻苦好学，基于大学的创新链视角研究产学研合作政策的绩效，取得了一定突破；魏勇聪明、勤奋，基于政策工具的视角比较分析，对中国产学研合作效率的影响取得了可信的研究结论；夏黎翔在张思潮研究基础上，对产学研创新政策、校企互动与创新绩效关系的文献研究和建议对策等做了进一步完善与深入。文弈、张世维和赵轶仁也做了大量校对、整理参考文献等工作。还有陈盼盼、张开富、陶丽婷、樊笑然和姜美芬等，也以产学研合作政策为主题进行了研究，在此一并表示感谢。

课题研究发表论文20余篇。在本书研究过程中，多篇阶段性研究成果已经先期发表，感谢《研究与发展管理》《科技管理研究》《科技与经济》、*The Journal of Technology Transfer*、*Science and Public Policy* 等杂志的支持，他们不但发表了这些阶段性研究成果，而且为我们的研究提出了很多宝贵意见。

课题研究的阶段性研究成果受邀请在2017年5月召开的20国（T20）集团智库会议创新研讨会作题目为“创新能力建设与文化交流”的主旨报告（*The Evaluation and Measurement of University-Industry Collaboration Policy-Based on the Knowledge Innovation Chain in Universities*）。

研究工作忙，使我对儿子的关心不够，好在儿子很努力，在美国加州大学伯克利分校提前一年获得博士学位，可喜可贺！希望今后能有机会补偿对儿子的关心和爱。

在研究过程中，还有很多关心、帮助、支持过我的人，限于篇幅，在此无法一一提及，在此我向他们一并表示深深的谢意！

程 华

2020年4月28日

于杭州浙江理工大学